XINLI WENXUE CONGSHU

如何培养健康心理

本书编写组◎编

本书集国内外最新研究成果，或用妙趣横生的心理故事展现心理自助技巧，或从思维调适和行为疗法两方面介绍自我心理调节术，或从生活习惯与读者健康的关系方面介绍解决亚健康问题的具体方法，帮助读者朋友解决各种心理问题。

世界图书出版公司
广州 · 北京 · 上海 · 西安

图书在版编目（CIP）数据

如何培养健康心理 /《如何培养健康心理》编写组编．—广州：世界图书出版广东有限公司，2010. 11 （2024.2 重印）

ISBN 978 -7 -5100 -3019 -2

Ⅰ. ①如… Ⅱ. ①如… Ⅲ. ①青少年 - 心理卫生 - 健康教育 Ⅳ. ①G479

中国版本图书馆 CIP 数据核字（2010）第 217478 号

书　　名	如何培养健康心理 RUHE PEIYANG JIANKANG XINLI
编　　者	《如何培养健康心理》编写组
责任编辑	冯彦庄
装帧设计	三棵树设计工作组
出版发行	世界图书出版有限公司　世界图书出版广东有限公司
地　　址	广州市海珠区新港西路大江冲 25 号
邮　　编	510300
电　　话	020-84452179
网　　址	http://www.gdst.com.cn
邮　　箱	wpc_gdst@163.com
经　　销	新华书店
印　　刷	唐山富达印务有限公司
开　　本	787mm × 1092mm　1/16
印　　张	10
字　　数	120 千字
版　　次	2010 年 11 月第 1 版　2024 年 2 月第 12 次印刷
国际书号	ISBN　978-7-5100-3019-2
定　　价	48.00 元

前　言

如果用一句话来概括，保持心理健康的最终目标，就是调整每个人的社会行为和心理活动，使他们对社会作出良好的适应，从而培养符合社会需要的健全人格。

心理科学如今在突飞猛进地发展着。心理学家们一致认为，由于影响人们心理活动的因素是错综复杂的，是多因素的，因而过去盛行的那种“单一支配论”，也就是说，企图把人的一切社会行为和社会心理用一个简单的基本原则加以解释的理论，已经逐渐被淘汰，而代之以多因素分析的理论。

由于心理活动这个综合体的量与质，都最终取决于人的人格，因而，每个人都应当努力朝着健全、成熟的人格方向发展。诊断与治疗心理失常或心理疾病，也应当综合治理，最根本的途径就是培养健全的人格。

尽管每个人的具体的需要和愿望等，会随着时间、环境的变化而改变，但是，这种改变总是“万变不离其宗”，总是同他的较为健康的人生观与稳定的道德信仰相一致，并受它的制约。如果不是这样，比如，欲望背弃了道德信仰，私欲和良心相冲突，行为和认识失调以至相互矛盾，那么最终势必造成自己自觉的思想意识控制、统一、协调不了自己的正常行动，从而导致人格分裂，使自己心理失常，形成心理疾病。

健康的心理对于正处在开始树立人生观的青少年来说尤为重要。许多青少年都曾困惑地提出“人生为何”、“人生的真谛是什么”、“我该怎样生活才有价值”等疑问。由于一时找不出明确的答案，或者答案不正确而导致心理失常，或心理疾病的青年，是颇有人在的。所以，对于我国当代青少年说来，牢固地树立科学的健康的人生观与信仰，保持与时代发展、社会需要相互和谐一致的统一人格，是至关紧要的。唯有如此，才能使自己永远地保持心理健康。

目录
Contents

心理健康理论篇

心理健康问题篇

心理健康人格篇

心理健康方法篇

心理健康维护篇

心理健康理论篇

认识心理的实质

顾名思义，心理学是通过研究心理现象来揭示人的心理活动规律的科学。心理现象对人们来说并不陌生，它的组成是多种多样的，相互之间的关系也非常复杂。那么怎样理解人的心理现象呢？

对心理现象唯一能够正确阐明的是辩证唯物主义。按照辩证唯物主义的观点，心理现象是脑的机能，是客观现象的反映。人的心理在社会实践活动中发生、发展，又反作用于实践。简言之，人的心理是人脑对客观现实的能动反映。

一、心理是脑的机能

人脑是心理活动的器官，大脑皮质是信息的存储器和行为的调节器，心理是脑的机能。没有脑，就没有心理活动，脑受了损伤，心理活动就要受到严重的破坏，即使有完好的耳目的人也可以变成全聋、全瞎、全哑，或者丧失随意活动能力。心理疾病，或精神病患者也来自脑的机能的障碍，一旦脑的活动恢复正常，心理活动也会随之改善。可见，心理活动与脑是直接联系的。正如列宁所说的："心理的东西、意识等等是物质（即物理的东西）的最高产物，是叫做'人脑'的这样一个特别复杂的物质的机能。"

人脑是一个非常复杂的物质，它是神经系统的中枢部位。所谓脑，包括小脑、延脑、脑桥、中脑、间脑和大脑两半球等部分，重约 1400 克。中枢神经系统的最高部位是大脑两半球，大脑表面的一层，有许多皱褶。如果摊开，大脑皮质的面积大概有 2000 平方厘米。大脑皮质上大约有 140 亿个神经细胞，人的心理活动绝不能离开大脑皮质上神经细胞的活动。这 140 亿个脑细胞，经常使用的只占 10% ~ 20%，大多数脑细胞都处于休整后备状态。如果一个人一生中每小时有 1000 个脑细胞发生"故障"，一年之间就有 876 万个细胞失去功能，人就算活到 100 岁，也只有 10 亿个脑细胞在做工作，只占 1/14，还有 13/14 没有发挥其作用。由此可见，人的心理发展，包括智力发展的潜力是很大的。

一切心理活动从产生方法来说是反射。反射有 3 个环节：开始环节——外界刺激和它在感官中引起的，由传入神经（内导神经）向脑传导兴奋的过程；中间环节——脑中枢发生的神经过程和这一过程的主要表现（心理活动）；终末环节——神经过程由中枢传出神经（外导神经）传至效应器官，引起效应器官的活动，如动作、语言等。

反射活动分为无条件反射和条件反射。前者是一种本能的活动；后者实际上是一种信号系统。信号活动是大脑两半球的最根本的活动。外部现实的信号是多得不可计数的，根据它们本质的不同，又可以分为 2 类：第一类是外界现实中具体的刺激物，如形状、颜色、气味、声音等，这是直接的、具体的信号；第二类是人类的文字、语言的信号，这是具体信号的信号。第一类叫做第一信号系统，第二类叫做第二信号系统。

两类信号系统是密切联系的，第一信号系统是第二信号系统的基础，第二信号系统是第一信号的抽象化与概括化，它又是通过第一信号系统获得意义并起作用的。但是，第二信号系统是社会的产物。社会生活对人的影响，主要通过词、语言，也就是通过第二信号系统起作用的。因此，第二信号系统不仅是信号的信号，具有概括作用，而且还代表社会的要求，调节着第一信号系统的活动，调节着人的行为，使人在反映客观事物时具有目的方向性和自觉能动性。在两种信号系统协同活动的过程中，第二信号系统起着主导作用，第二信号系统是人类行为的最高调节者。这两种信号系统的协调活动，是组织人类心理活动特有的生理机制。

二、心理是客观现实的反映

我们说心理是脑的机能，并不是说心理是人脑固有的，而是人脑在实践中对客观现实的能动反映。

1. 心理现象是一种反映

如果没有客观世界，就没有对客观现实的印象，也就没有人的心理。列宁说："没有被反映者，就不能有反映，被反映者是不依赖于反映者而存在的。"物质第一性，心理第二性，这是辩证唯物主义反映论的基本原理。因此，人的心理内容为什么是这样而不是那样的，应该在社会现实中去寻找答案。

2. 任何反映都是在实践、活动中进行的

只有实践、活动，才构成主、客体的矛盾，才有反映主体活动领域内的现实。离开了实践、活动，就不会有心理的源泉，也就是说，心理在活动中形成。对青少年说来，如果不研究他们和外界的联系，特别是和人的联系，不研究他们的活动，就无从说明心理的起源和发展。同时，心理、心理发展，是在个体和外部世界相互作用的外部活动、实践中逐步“内化”而成为内部的心理活动的。

这里，心理发展有其内因，有其动力，这种内因或动力正是在这种活动、实践过程中逐步发展起来的。在青少年心理发展的各个阶段，都有一种主导活动，例如幼儿的游戏是他们的主导活动，学生以学习为主导活动，毕业后的青年以工作、劳动为主导活动。这种主导活动，就是心理发生和发展最重要的基础，直接决定着心理发展的方向、内容和水平等。

3. 心理是一种能动的反映

人的心理的反映不是像镜子般地机械反映，也不是一种消极、被动的反映，而是一种能动的反映。由于人的反映活动是在人的社会实践中，在人的语言参与下进行的，它积极地反映着客观事物。因此，人的心理不仅具有意识性，而且具有社会性和自觉能动性。人不仅能够反映事物的表面现象和外部联系，而且还能够反映事物的本质的和内在的联系。心理、意识一旦形成之后，就能在人的活动中起调节、定向的作用。这就是说，人的心理是在实践、活动中产生的，同时，它又反作用于实践、活动。人将掌握事物的发展规律，并运用它来改造自然，改造社会。

三、心理与行为的辩证统一

与物理现象不同，心理现象不具形体，无法直接观察得到。因此在进行心理学研究时，人们首先把注意力集中于人的外表行为活动上。为什么这么做呢？因为人对现实的反映是客观和主观的统一。按其内容说，心理是客观的，它是外界事物的反映，是由外界客观事物的作用决定的，又是物质的脑的神经活动过程，并且通过人的各种实际的外部活动表现出来。同时，心理又是主观的，因为对客观现实的反映总是由一定的人或主体来进行的，总是要受他累积的全部个人经验和他的全部个性特征的制约，并通过他个体的活动而实现的。由此可见，心理活动，不仅来自于客观现实，来之于实践活动，又通过其外部行为活动，主要是动作和语言表现出客观性。

1. 人的行为活动很明显地要受个人心理活动的支配和调节

外部行为乃是个人心理活动的直接表现，认识、情感、意志等心理过程及整个个性特征对行为又有很大的影响。

2. 人的心理的复杂性，需要谨慎观察和分析

人是有意识的高等动物，人的心理非常复杂，人们可以有意识地掩蔽自己的某些心理活动，甚至作出一些与内心不符合的外部假象，说出一些与心理事实不符合的话语。因此，当

我们根据直接观察到的行为去分析其某种心理活动时，我们必须非常谨慎。

3. 总结心理规律

人的心理的复杂性，外部行为的多变性，并不能使心理成为神秘莫测、不可捉摸、无法研究的东西。心理现象由客观事物引起，总会在行为活动上有所表现的。这里也是有规律可循的。即使直接表现受到掩蔽，它也会间接地在其他方面有所流露，因此通过比较长时间地、全面系统地观察和分析，我们仍然可以对一个人的心理有所了解。

保持心理健康

什么是健康？世界卫生组织把健康定义为：健康不仅指一个人没有疾病或病症的表现，还指一个人有完整的生理、心理状态及社会适应能力。疾病不仅表现为有机体因感染或营养不良等因素引起生理功能障碍，也表现为心理等社会文化因素引起生理功能障碍，或者说社会环境通过心理因素引起生理功能障碍。现代医学和心理学已经证明了人类生理与心理之间具有密不可分的联系。因而，维护健康，不仅要生理卫生，也要注重心理卫生。

一、健康与心理

1. 心理健康的重要性

心理健康能影响生理健康，这里介绍美国学者对A型性格与心脏病关系的研究成果。

A型性格和B型性格，是美国著名心脏学家弗雷德曼在20世纪60年代初划分的。A型性格主要特征是：喜欢进取，好争胜，并急于求成；常有压力感，感到时间不够用，并常常表现出对工作或学习不满；个性急躁，容易冲动。B型性格与此相反：凡事想得开，从容不迫，个性随和，对失败得失看得比较淡薄。弗雷德曼临床发现心脏病患者多半具有A型性格特征。于是，一些心理学家继续研究，有人对3000多名男子进行了8年的调查，在控制心脏病其他诱因的条件下，在患心脏病的人中，A型性格的人比B型多了1倍。

有人认为，心理的健康比生理的健康更为重要。因为：①心理因素可以引发心理疾病，如恐惧症、精神分裂症等；②心理因素可以导致生理疾病，如偏头痛、胃溃疡等；③心理失常不但给个人及家庭造成危害，也可能给社会造成危害。因而维持心理健康不仅是个体的事情，也是对社会负责的表现。

2. 什么是健康的心理

关于健康心理的标准，不同的心理学家有不同的表述，这主要由于他们受不同文化背景的影响，以及健康的心理内容较多。但一般来说，健康心理不外乎情绪稳定、人际关系和谐、社会适应良好等方面。

（1）情绪稳定是首要的健康标

准。这是因为情绪是由刺激引起的激动状态，不易为个体本身所控制。情绪失调不但影响心理健康，而且能引起心理疾病。情绪稳定主要指个体能接受各种刺激，对刺激的反应强度适当，保持乐观的心境。同时，反应方式适当，快乐与痛苦能得到合理宣泄，不使情感受压抑。

（2）了解他人、认识自己。能够对自己和他人有一个正确的认识和评价，这是发展良好个性的基础，也是健康的重要标准。一般有 3 种表现：第 1 种是自我评价过高，自以为是，同时贬低他人，认为他人各方面不值一提；第 2 种是自我否定，认为自己什么都不行，生怕自己的言行冲撞了他人；第 3 种也是可称为健康心理的：既肯定自己，也相信他人，在认识自己优势的同时，也了解自己的不足。

（3）人际关系和谐。人生在社会之中，与他人间形成有效的交往，建立和谐的人际关系是健康心理的又一标准。具体表现为能够适应各种人群，通过交往，对他人和自己都感满意。

二、心理异常

心理异常是指个体因心理功能发生紊乱，造成生活适应困难，心理上感到痛苦的现象。它是心理不健康的表现，是一种精神病态。现代精神医学已经发现了 200 多种心理异常现象，这里介绍几种我们较常见的心理异常现象。

1. 焦虑症

有人在考试之前心情紧张，晚上睡不着觉；有人老是担心父母的健康状况，整天忧心忡忡；有人欠了人家大笔债务，经常愁眉苦脸；有人工作失误受到领导批评，心情感到压抑……所有这些心理现象都是焦虑的表现。

焦虑是由紧张、不安、焦急、忧虑、恐惧等感受交织成的精神状态。任何人都有过焦虑的体验，适度的焦虑是正常的，是人对挫折失望产生的正常心理，对一般人来说是暂时的。有意识的焦虑和紧张，它能让人产生克服困难、解决危机的心理准备。

称为心理异常的焦虑即焦虑症，指的是一种品质性焦虑，这样的人具有一种焦虑的倾向，其表现之一是泛虑症，任何时间、任何事物都会引起他的焦虑反应，尤其对一些小事他们特别敏感，总觉得不幸的事随时随地都要发生，对未来毫无信心。这种人平时心情紊乱，注意力不能集中，身心疲倦，经常心悸、失眠。焦虑症的表现之二是恐惧症，个体明知不会受到伤害，但仍然无法控制自己的恐惧情绪，如惧山、惧水、惧风等。

为什么会引起焦虑症呢？心理学不同的学派有不同的解释。一般来说，焦虑是由心理矛盾引起的，这些矛盾有的来自经验和知识的不足，有的来自行为规范的不明，有的来自个体的神经过敏。青少年时期是焦虑容易产生的人生阶段。

长期的焦虑不但影响工作和学习的效果，还会引发身体上的疾病。由于过分紧张而过度呼吸，造成血液中碱性成分增加，导致手足麻木、头部发胀，还会引发肠胃病。所以必须以预防为主，采取多种措施，缓解过度紧张的心理状态。

2. 抑郁症

抑郁症是指个体的情绪状态长期处于极度低落的心理现象。对一般人心理而言，有时情绪低落，心情沮丧也是正常的，但随着环境的变化，挫折的消亡，这种心情会好转。而抑郁症则不同，它有以下几个方面的表现：①情绪长期处于低落状态，患者对生活没有一点儿欢乐的情感因素，工作、学习、亲情都不能让他产生乐趣，有时这种人甚至想用自杀来解脱痛苦。②患者对自己、他人及其他事物的认识悲观或绝望，对自己有强烈的自贬意识，看不到未来的希望。③所有行为都是被动应付，对任何事都失去主动的兴趣。④在生理上，出现体重逐减、睡眠失常、四肢无力等症状。

精神病专家及心理学家研究指出，抑郁症是各种心理异常现象中发生率最高的一种。多数患者在1～3个月内会不诊自愈，但也有可能复发。抑郁症的产生主要是因为遭遇挫折不能适应而引起情感上的障碍。许多人用顽强的毅力走出了抑郁的阴影。在受到挫折后，他们或者出去旅游一次，换换环境，避免触景生情；或者吃一堑，长一智，自我总结，用行动重塑自己的形象，改善自己的生活环境。

3. 精神分裂症

精神分裂症是所有心理异常现象中最严重的一种，一般来说患者在情绪、行为、性格等许多心理方面都出现了较严重的障碍。

精神分裂症的主要表现是：①在知觉方面，患者的知觉感受明显扭曲，对很微弱的声音极为敏感，甚至对自己身体的知觉也无法把握，患者可能会认为一只手变长了，另一只手变短了。同时，患者还时常产生幻觉，在没有实际刺激的情况下作出反应，认为听到了什么，或看到了什么。②在情感方面，患者情绪错乱，用不同于常人的方式表达自己的喜怒哀乐，喜怒无常。令人发笑的情境可能让他极度悲哀，伤心悲哀的场景可能令他发笑。有时患者表情冷漠，有时无缘无故痛苦或狂笑。③意识紊乱，与人交谈语无伦次，无逻辑性，不能有系统地表达自己的思想，无法与人沟通。④行为异常。其动作表现明显与常人所见环境的刺激无关。他们时而咬牙切齿，时而比手画脚，时而表现出婴儿期的动作。

对精神分裂症成因的解释，心理学上没有定论，精神分析学者认为是幼年心理发展障碍，人格结构中的自我未能良好发展，自我与本我冲突的结果。行为主义学者则认为是由于患者在生活中遇到压力，引起焦虑，产生痛苦，为缓解和逃避痛苦，采取这种方式退缩的结果。

4. 性格异常

性格异常是指个体表现出来的不同常人的性格特征，有时也称品行障碍，是心理不健康在性格等方面的表现。

美国精神医学会将性格异常分为以下11种不同类型：

(1) 妄想型：对事物持怀疑态度，不信任他人，重视自己的身份地位，如有过失则归咎于他人，无法与他人合作。

(2) 分离型：性格孤僻，感情冷漠，不愿与人相处、交往，无法与他人建立亲密关系。

(3) 分裂型：症状比分离型严重，兼有精神分裂症患者知觉扭曲的特征。

(4) 自高自大型：有强烈的以自我为中心的倾向，经常夸耀自己并以此引人注意，无法与他人建立良好的社会关系。

(6) 反社会型：一切言行以自我为中心，不遵守社会规范，喜欢损人利己。

(7) 边缘型：情绪障碍严重，处于精神病的边缘。

(8) 回避型：有参与人际交往的愿望，但怕被人拒绝而伤害自尊心，从而回避参与。

(9) 依赖型：凡事依赖别人的帮助和支持，不得已独自行事时，感到非常恐惧。

(10) 强迫型：性格固执，墨守成规，生活在一成不变的环境中，不能适应复杂的人际关系。

(11) 被动攻击型：性格矛盾而懦弱，常以间接、被动的方式表达恨意，在暗中采取攻击性行为。

三、维护心理健康

心理健康是一项系统工程，它受多方面因素的影响，维护心理健康不仅需要个人的主观努力，还需要家庭、社会的帮助。对个体而言，除树立较强的健康意识之外，主要应从以下几个方面维护心理健康：

1. 加强自我调节，保持良好的精神状态

要学会主动释放不愉快的情绪。当遇到挫折时，要用适当的方式把积压在心中的痛苦、不安、悲伤等紧张情绪宣泄出来，避免给心理造成压力；保持良好的精神状态，能接受任何刺激，承受欢乐和痛苦，驾驭自己的情绪。宣泄、释放的方式多种多样，最常见的就是把自己的情绪用语言表达出来，把误会或委屈等情况摆出来，减少矛盾和冲突，加深理解。向他人述说自己的感受，可以得到他们的帮助，父母、老师的见解往往比我们自己考虑得更为深刻，有利于情绪的释放。在遇到较大的挫折如极度悲伤、愤怒时，许多人用痛哭来宣泄情绪。有时，人们也会把不快的情绪化成行动的力量，转移注意力来发泄情感。

要培养广泛的兴趣爱好，增强幽默感。具有广泛兴趣爱好的人，能从多方面享受生活的乐趣。当某一方面遭遇挫折时，从事另外一类的兴趣活动，轻松消遣，既排遣了不愉快的情绪，又找到了新的乐趣和精神寄托。幽默感是一种催化剂，可增进人际交往，消除烦恼。

要用积极的自我暗示来调节自我。这也是一种自我激励，用健康向上的思想、语言进行自我暗示，可以增强战胜挫折的信心，克服紧张、不安的情绪，振奋精神。

2. 建立良好的人际关系

良好的人际关系是个体心情舒畅的兴奋剂，对维护个体与群体、个体与个体之间团结和谐的关系有良好的作用，有利于个体身心健康。它使个体产生一种归属感与安全感。如果一个人在集体说话无人答理，有他无他都一样，而且欢乐没有人分享，痛苦没有人分担，那么，这个人会觉得莫名的不安和孤独，发展下去会产生心理障碍。

建立和维持良好的人际关系需要多方面努力，对个体而言，首先应该在个人品行上加强修养。美国心理学界曾做过一次规模较大的调查，心理品质上值得他人信赖、待人忠厚、热情而有同情心、乐于助人、诚恳坦率的人，容易建立良好的人际关系。

3. 充分认识和实现自己的价值

人在日常的生活和学习中，在人际交往及社会活动中，能认识到自己的价值与健康有很大关系。当个体意识到自己在他人及集体的地位和作用时，能够自觉地调节自己的情绪和行为，并能够养成自信、自尊的心理品质，能与周围环境保持良好的适应。

自我价值的实现需要付出情感和意志的努力，可以使人在工作和学习中保持适度的焦虑和紧张，提高学习和工作的效率。实践证明，当一个人从事学习或工作，特别是取得一定成就时，会产生一种满足感、自豪感，并能从工作中找到乐趣。

总之，维护心理健康，关键在于确立正确的世界观、价值观、人生观，注重心理修养。

青少年心理发展的动力

什么是青少年心理发展的内因呢？对此，目前还有各种不同的理解。

一般认为，在青少年主体和客观事物相互作用的过程中，亦即在青少年不断积极活动的过程中，社会和教育向他们提出的要求所引起的新的需要和他们原有的心理水平之间的矛盾，是青少年心理的内因或内部矛盾。这个内因或内部矛盾也就是心理不断向前发展的动力。简言之，青少年在活动中产生的新需要和原有心理水平构成的矛盾，是他们心理发展的动力。

这里，①动力产生于活动、实践之中，统一于活动、实践之中，并实现于活动、实践之中；②新的需要是这个矛盾的活跃的方面；③新的需要能否获得满足，关键在于原有的心理水平。

活动、实践在心理及其发展中的作用，在第一节已做过分析。这里，我们对矛盾的双方再进一步作些分析。

一、“需要”在人的心理活动中代表着新的一面，它是心理发展的动机系统

所谓需要，也是一种反映形式。任何需要都是在一定生活条件下即在一定社会和教育的要求或自身的要求下产生的对于一定客观现实的反映。需要这种反映和一般反映共同之处，是“能被人意识到的”反映形态；和一般反映不同之处，在于需要是心理活动的动机系统，由它引起主体的“行动”。

1. 需要的5个等级

由于需要这种反映形式的重要性，长期以来，一直受到心理学家的重视。1938年摩莱（H. Murry）在所著《人格的探索》中列举了20余种人类需要。在这基础上，麦斯洛（A. B. Maslow）在1943年出版的《调动人的积极性的理论》一书中提出了“需要层系统”这一理论。需要层系统把人类的多种多样的需要，按照它们的重要性和发生的先后次序分成5个等级：

（1）生理需要。这是人类最原始的基本需要，例如，衣、食、住、行，延续后代等，它是人类生存的基础。

（2）安全需要。摆脱各种危险，获得健康，希望解除严酷监督的威胁等，都属于安全需要。

（3）社交需要（或称爱的需要）。希望伙伴之间、同事之间关系融洽或保持友谊和忠诚。

（4）尊敬需要。指自尊和受人尊敬，对名誉、地位的欲望，个人能力、成就要求被人们承认等。

（5）自我实现。实现个人理想抱负，这是需要层系统中最高的一种需要。满足这种需要，要求最充分地发挥一个人的潜在能力。

麦斯洛认为，上述需要的5个层次是逐级上升的。当下一级的需要获得相对满足以后，追求上一级的需要，就成为驱使行为的动力。但是，如果满足了高级需要，却没有低级需要时，他可能牺牲高级需要，而去谋取低级需要，甚至于去“铤而走险”。

我们认为，麦斯洛的需要层系统理论，尽管有值得借鉴的地方，但根本的一点是忽视了人的主观能动性，忽视了在一定条件下通过思想教育改变需要主次关系的可能性。

2. 需要的实质及其在心理发展上的作用

需要的分类尽管复杂，但不外乎

是2种：需要从其产生上分类，可以分为个体的需要和社会的需要，前者系个体的要求而产生，后者系社会的要求而产生；需要从其性质上分类，可以分为物质方面的需要和精神方面的需要。这2种分类是交叉的。不管哪种分类方法，人的需要总是带有社会性的，个体需要和社会需要，物质方面需要和精神方面的需要，其相互之间是制约着的，因此，人的需要又是带有主观能动性的。

需要可以表现为各种形态、动机、目的、兴趣、爱好、理想、信念、世界观等。在个性方面，这些形态就形成个体或个性意识倾向性。某种原始性需要的表现形式，可能是高级需要的表现形式的发展基础，但反过来，高级需要的表现形式往往抑制了低级的表现形式。例如，人们为了实现理想、信念及共产主义的事业，等等，而往往牺牲某种生理需要和安全需要。可见，需要的主次关系是可以变化的。

需要在人的心理发展中，经常代表着新的一面，比较活跃的一面。客观事物总是在不断地变化，主客观的关系也在不断地发展，于是人的需要也会跟着发展而变化，起着动机系统的作用。一种需要满足了，又会产生另一种需要，由此推动人的心理及行为的发展变化。

二、原有的完整心理结构是过去反映活动的结果

1. 完整的心理结构

完整的心理结构是一个十分复杂的整体，它大致由下列成分组成，代表着当时的心理发展水平：

（1）心理过程，即认识、情感和意志过程的发展水平；

（2）个性特征，即能力、气质和性格的发展水平及其表现；

（3）知识、技能与经验的水平；

（4）年龄特征（第四节作专门论述）；

（5）当时的心理状态，即注意力、心境、态度等。

2. 完整心理结构的统一

我们平时说，教育工作必须要从学生的实际出发，就是要从上述的完整的心理结构出发，这样才能做到“有的放矢”，“一把钥匙开一把锁”。

原有心理水平，即原有的完整心理结构是一个统一整体，它代表着人的心理活动中的原有的一面，比较稳定的一面。但是，不应该将原有心理水平看做是保守的。任何人原有的完整心理结构，都有它的积极的因素，同时也存在着不足或有待于发展的方面。

三、新的需要和原有水平的对立统一

新的需要和原有水平的对立统一，构成青少年心理发展的内部矛

盾，形成其心理发展的动力。在青少年的实践活动中，产生了各种新的需要，必然与原有心理结构构成新的矛盾。双方互相依存，也互相转化。

矛盾双方是同一的，又是斗争的。其结果不外乎2种，①新需要为原有的心理水平即完整结构所同化，且趋于一致性，则促使心理在原有水平的基础上发展；②新需要被原有心理水平即完整结构所否定、所排斥，则仍使心理保持原有的水平。是第一种状况好还是第二种好，具体问题要作具体分析，要看其内容和心理发展的方向。

例如，新的求知欲需要形态，促使主体在原有水平上去学习、探索，获得知识，发展智力，这有利于青少年的心理健康发展；但是吃喝玩乐的需要，促使青少年的原有心理水平获得“同化”，往往使他们走向歧途。又如，正确的思想教育的要求，激发起学生积极上进的新的需要，但原有心理水平中因有十年文革留下的伤痕，它可能否定新的需要。

这种对原有水平的保持，说明这个学生未能进步。但是与此相反，健康的原有心理水平抵制社会上不正之风的侵蚀所激起的各种需要，这种原有“本色”的保持则意味着进步。

总之，新的需要与原有心理水平所组成的矛盾是十分复杂的。在社会和教育的影响下，在青少年的活动中，他们所产生的新的需要同原有心理水平的斗争确实是普遍存在的。而正是这个矛盾的运动，才推动着青少年的心理不断变化、发展。因此，这个矛盾是青少年心理发展的动力。

内部矛盾是青少年心理发展的根据，环境和教育则是这发展的条件。其中教育是最主要的外因，是青少年心理发展中的最重要的条件。

如何发挥教育的主导作用呢？这里，必然会提出这么一个问题：教育所提出的要求，是严一点好，还是宽一点好？这在教育界是有争议的。

我们认为，过低的要求和过高的要求都是不适宜的。过低的要求（不管是学习要求还是品德要求）激发不起学生的兴趣。没有兴趣，没有求知欲，产生不了新的需要，就不能很好地构成青少年心理发展的内部矛盾。而过高的要求，远远脱离学生原有的水平，使他们“望而生畏”，不仅产生不了学习和上进的愿望，即使激起新的需要，也不能为原有心理结构所“同化”，难以构成心理发展的动力。

只有那种高于学生原有水平，经过他们主观努力后又能达到的要求，才是最适合的要求。中学阶段任何教育与教学措施，都必须符合这个要求。教师和家长在工作中应该遵循这些规律，向中学生提出适当的要求，才能使学生在原有水平的基础上不断提高，使合理的要求变成其新需要，并以此为动力促使他们的心理向前发展。

青少年心理发展的年龄特征与个别差异

青少年的心理发展，也跟一切事物的发展一样，是一个不断对立统一、量变质变的发展过程。在整个心理发展过程中，各个不同阶段将表现出相应的特殊矛盾和特殊质变。我们把青少年心理各个阶段所表现出来的质变的特征称之为青少年心理发展的年龄特征。应当指出，同龄的青少年虽具有这个共性，但在同一时期，他们每个人又有其自己的个性，这就是所谓的个别差异。

为了搞好教育，必须把心理发展的年龄特征作为重要的出发点。

一、青少年心理发展的年龄特征的一般概念

1. 心理发展的年龄特征是按青少年心理的年龄阶段特征说的

心理年龄特征，并不是说一个年龄一个样。它说明，在一定的社会和教育条件下，儿童从出生到成熟大约经历6个时期：乳儿期（0～1岁）、婴儿期（1～3岁）、幼儿期或学前期（3～6、7岁）、学龄初期或小学期（6、7～11、12岁）、少年期（11、12～14、15岁）、青年初期（14、15～17、18岁）。

这些时期是互相连续，同时又是互相区别的。尽管在某一年龄阶段之初，可能保留着大量的前一阶段的年龄特征，而在这一年龄阶段之末，也可能产生较多的下一阶段的年龄特征，但从总的发展过程来看，这些时期或阶段的次序及时距大体上是恒定的。

2. 心理发展的年龄特征，是指青少年心理在一定年龄阶段中的那些一般的、典型的、本质的特征

一切科学在研究特定事物的规律时，总是从事物的具体的、多种多样的表现中概括出一般的、本质的东西。虽然具体的东西是最丰富的，但本质的东西却是最集中的。青少年心理年龄阶段特征就是从许多具体的、个别的青少年心理发展的事实中概括出来的，是一般的、本质的、典型的东西。例如，中学生，即青少年期的思维，以抽象逻辑思维占主导地位。这是指最一般的本质的东西来说的。事实上，初中阶段与高中阶段并不一样，在初中学生的思维中，抽象逻辑思维虽然开始占优势，但是在很大程度上还属于经验型。

初中一年级学生的思维，与小学高年级学生有类似之处，离不开具体形象的成分；随着年级的升高，思维中的具体形象成分所起的作用逐渐减少。高中学生的抽象逻辑思维已由经验型水平急剧地向理论型水平转化，并逐步地了解特殊和一般、归纳和演绎、理论和实践等对立统一的辩证思维规律。

3. 青少年的心理年龄特征，还表现出各个阶段、各种心理现象发展的关键年龄

心理发展有一个从量变到质变的过程，有一个从许多小的质变构成一个大的质变的过程。每个心理过程或个性心理特征都要经过几次大的飞跃或质变，并表现为一定的年龄特征。这个质的飞跃期，叫做关键年龄。

一些实验研究初步表明，中学生在思维和品德的发展中，表现出几个明显的质变：

（1）初中二年级是中学阶段思维发展的质变期。

（2）初中二年级是中学阶段品德发展的质变期。

了解青少年心理发展飞跃时期的特点，目的就是更好地对青少年进行更恰当的心理教育。例如，有经验的中学教师和家长，很重视初中二年级学生的心理变化，创造一系列条件，让他们的思维与品德更好地发展，为他们进一步健康成长奠定智力与思想品质的基础。

当然，即使抓住关键期教育，也要适当，要考虑此时青少年心理发展的内因和身心特点。由于心理发展存在着个体差异，因此也不能对每个人都抓一个相同的年龄阶段，更不能得出“过了这个村，就没有这个店”的错误结论，以至错误地认为，如果过了这个时期，某些方面的心理现象就没有发展希望了。

4. 心理发展的成熟期

心理发展，有一个成熟期。实验研究初步表明，16～17岁（高中一年级第二学期至高中二年级第一学期）是思维活动的初步成熟期；15～16岁（初中三年级第二学期至高中一年级第一学期）是品德的初步成熟期。

心理成熟有什么样的特点呢？①成熟后心理的可塑性比成熟前要小得多；②心理一旦成熟，其年龄差异的显著性逐步减少，而个体差异的显著性越来越大。

最后，年龄特征表现出稳定性与可变性的统一。

一般来说，一方面，在一定社会和教育条件下，心理发展的年龄特征具有一定的稳定性或普遍性。如阶段的顺序，每一阶段的变化过程和速度，大体上都是稳定的、共同的。但另一方面，由于社会和教育条件在青少年身上起作用的情况不尽相同，因而在他们心理发展的过程中和速度上，彼此之间可以有一定的差距，这也就是所谓的可变性。

心理发展的年龄特征既有稳定性，又有可变性或特殊性，两者是相互依赖、相互制约、相互渗透的。不过心理发展的年龄特征的稳定性和可变性都是相对的，而不是绝对的。心理发展的年龄特征的稳定性和可变性的关系，正是共性与个性的关系。

心理发展的稳定性表现在，不同时代不同社会的青少年心理特征有一

定的普遍性与共同性。尽管许多年龄特征，特别是智力方面的特征，有一定的范围和幅度的变化，但各年龄阶段的心理特征之间有一定的顺序性和系统性。它们不会因为社会生活条件的改变而打破原有的顺序和系统性，也不会跳过某个阶段。

5. 青少年心理发展的可变性

在不同的社会生活条件下，心理发展的可变性表现在：

（1）青少年某些心理发展的程度和速度会产生一定的变化。

（2）会出现有本质区别的年龄特征，如品德行为。

（3）青少年可能出现某些同样的年龄特征，但这些特征的具体内容却产生变化和差异。

相同的社会生活条件下，由于每个青少年的心理发展原有水平或结构不同，存在着明显的个别差异，即个性特征。

二、青少年心理发展的年龄特征与个别差异的产生原因

1. 从生理基础上分析

心理是脑的机能，而青少年的生理在不断地变化，例如脑的重量变化、脑电波逐步发育、脑中所建立的联系等也按一定的次序和过程在发展。而且，大脑和神经系统的这种发展是稳定的并有一定的阶段性。但每个青少年的生理发育、脑的发展不是固定不变和完全一致的，不管是神经类型和机能情况，都有个别差异，这就是心理发展年龄特征和个别差异的生理基础。

2. 从社会生活条件分析

社会生活条件，乍看起来是千变万化、错综复杂的，但也有其稳定的顺序性的一面。人类的知识经验本身也具有一定顺序性，青少年不能违背这个顺序来掌握它。他们在掌握一门知识时，掌握的深度和广度也是循序渐进的。然而这一切，对不同的青少年又是不尽相同的。可见，社会生活条件也造成青少年的发展具有阶段性和可变性。

3. 从青少年活动的发展上分析

在不同社会，不同阶段的青少年，都有主导活动，都要经历从游戏向学习再向工作转化的过程。但活动的性质、范围、内容和要求却有所不同，这时就会出现青少年心理发展的年龄阶段性，同时又会表现出稳定性与可变性统一的特点。

4. 从心理机能发展上分析

青少年任何一种心理现象都是一个从量变到质变的发展过程。以思维发展为例，都要经过从直观行动思维，到具体形象思维，再到抽象逻辑思维的过程。这些都是在掌握知识经验的过程中实现的。这个过程不是旋即可成的，而是有顺序，有阶段的，决不能跳级。这充分体现出心理年龄阶段的普遍性与稳定性。但是，就个体来说，每个阶段、顺序和过程，不管在时间上，在品质上都允许差异的存在，这就体现出了可变性，因此心

理发展必然会表现出个别差异。

从上述4个方面的分析可看出，青少年心理发展的年龄特征的存在是必然的。同时年龄特征兼具稳定性与可变性，二者统一成一个整体，互相依赖、互相制约并互相渗透，这是青少年心理年龄特征规律的突出表现。学校教育和家庭教育都必须考虑心理发展的年龄特征，这是做好教育工作的一个出发点。教师和家长的任务在于从这个出发点去引导青少年的心理发展，同时，又要考虑到年龄特征的可变性，考虑到青少年之间的个别差异，对不同的青少年要注意区别对待，因材施教。

青少年观察能力的发展

认识过程的最初级的形式是感觉和知觉。感觉是直接作用于感觉器官的客观事物的个别属性在人脑中的反映；知觉是直接作用于感觉器官的客观事物的整体在人脑中的反映。感、知觉是人类认识活动的开端，是思维活动的基础。观察是一种有意识、有计划、持久的知觉活动，是知觉的高级形态。观察过程建立在第一信号系统与第二信号系统相互作用的基础上，第二信号系统起着主导的作用。观察力的培养，对于学生的学习和将来的科学研究有着重要的意义。

一、青少年观察力的有益性

对青少年观察能力的研究，目前大部分是通过对学生做作业时的观察和作品（如作文）的分析。但是各种实验研究和调查也在积极开展，尤其是测定研究学生的观察能力与思维能力的关系，较多地采用图形辨认方法，以了解一定年龄（年级）学生观察力的有意性和概括性等。

青少年在进入中学阶段之后，每个学科几乎都要求中学生发展自觉的观察力。例如，语文的写作训练需要培养学生良好的观察力；数学能力的培养需要以学生对自然界数量关系与图形关系的观察为基础；物理的实验和化学的演示都离不开学生精确的观察力；对生物的兴趣、爱好，促使学生对生命现象及动植物进行持久的观察等。

随着教学的要求，随着学生学习动机的激发和智力活动的自觉性的提高，中学生逐步地学会根据教学和实践任务的要求，较长时间地、集中地观察要认识的事物；在为了完成学习任务而必须观察自然现象或社会现象时，不仅感知了事物的外部特征，而且能抓住事物的主要特征和本质特征，更加全面地去感知事物。因此，中学生观察力的目的性、持久性、精确性和概括性都有显著的发展。

1. 目的性的发展

中学生观察力的目的性的发展有一个过程。他们往往从被动地接受教师或家长的任务而进行观察，逐步发展到主动地自觉制定观察计划，进行有意识的观察。

2. 持久性的发展

中学生观察力的持久性，往往以有意注意为研究指标，它既决定于观察的任务，也取决于年龄特征。我们曾统计了一个由不同年级组成的区级航模组，在一次寻找飞机模型故障的观察中，初二的组员平均坚持1小时35分钟，高一的组员平均坚持3小时。在一般的学习活动的观察中，注意力集中的时间往往是随着年级升高而延长。

3. 精确性的发展

中学生观察的精确性也有一个发展过程，主要表现在：观察细节的感受性逐步发展，对比事物的正确率逐步增加，理解所观察事物的抽象程度逐步深刻。

有的研究材料表明，初中学生的视觉感受性比一年级小学生的视觉感受性增高60%以上，初三、高一学生的视觉和听觉的感受性都能达到成人的水平，有的甚至超过成人。

有人结合教学研究空间知觉的发展趋势，看到在教学条件下，初中生对抽象几何空间及宏观的空间知觉都开始发展起来，但对较为复杂的空间关系的观察，仍需要直观表象的支持；对于立体几何、光年等抽象空间的理解，要到高中之后，这并非一般观察力所能解决的。

4. 概括性的发展

中学生观察力逐步变得深刻而全面，这主要是由于思维参加到知觉（观察）活动中去，其知觉的概括性在明显地发展。

研究发现，初二以上的中学生能按思维的概括去观察事物，初中二年级是观察力概括性发展的一个转折点。初二以上的学生，逐步地在观察中学会概括的能力，从而获得规律性的感知。

二、青少年观察力的差异

青少年在中学阶段的观察力水平，既有年龄特征，又有个体差异。他们之间观察力的差异的原因是什么？研究表明，客观上来自所观察事物的性质及其引起观察者注意的程度，其中刺激强度大，变化性大和新颖有趣，能够引起中学生的深入观察。

研究还表明，观察力的目的性、持久性、精确性和概括性，主要来自观察者的心理状态，观察者对所观察事物及观察活动本身意义的认识水平和兴趣水平，即需要的程度是良好观察活动的主观基础。

观察力在中学生的学习活动中是一种重要的智力表现，那么，如何培养中学生的观察力呢？

（1）发展学生观察力，必须经常不断地向他们明确地提出观察目的、任务和具体方法。

只有这样，才能正确地组织他们

的注意力，使之指向于必须知觉的方面。在提出观察目的和任务时，应该有计划地培养中学生观察的主动性，培养他们主动地给自己提出观察目的、任务的能力，而不是处处依赖教师和家长的提示。

(2) 发展学生观察力，必须要发展他们的学习兴趣。

在现实生活中，观察的领域是无限广阔的，观察能否深入，关键在于观察者的兴趣，因此，应该发展学生多方面且有中心的学习兴趣是十分必要的。

(3) 发展中学生的观察力，重要的途径是发展其言语能力。

人的知觉形象，通常是用词来表示的，是和词密切联系的。在有第二信号统统参加知觉和观察活动时，就能更好地对事物进行分析和概括。因此在观察时，教师和家长应引导他们的言语活动参加，作必要的观察记录，这样可以提高知觉和观察的质量。

(4) 在学校里发展中学生的观察力。

教师在课堂上要灵活地运用“讲、写、做（教态、手势和表情等）、画（图画等直观教具）、演（演示和实验）”5项基本功，只有这样，才能激发学生的兴趣，才能调动他们全部感觉器官参加课堂活动，才能使他们根据课堂的直观性，形成完整、鲜明、精确、生动的表象并和言语相结合，产生理性的知识，从而学得深刻，记得牢固。

青少年记忆能力的发展

记忆，顾名思义，它包括“记”和“忆”。所谓“记”，就是把它“记住”，把它“记牢”。这“记住它”，心理学上叫做识记。识记通常是一种反复感知的过程，借以形成比较巩固的联系；这“记牢”，心理学上叫做保持，好像录音带，录像带记下的声音、图像的痕迹那样。所谓“忆”，就是重新认出来或回想起来。确认以前感知过的，叫做“再认”；以前感知过的或经历过的事物不在眼前，把对它的反映重新呈现出来，叫做“再现”。

记忆要以注意力为基础。注意力集中，在大脑皮质留下痕迹深刻，表现为记忆牢固，理解深刻，学习效果好。就像照相，先要把镜头对准物体，对好光，才能得到清晰的影像。

一、青少年记忆发展的一般特点

青少年记忆发展的最大特点是，中学阶段的记忆力是人的一生中记忆力的最佳时期。我国曾有一项研究指出，在同样长的时间里，高中一、二年级学生记住的学习材料的数量，比小学一、二年级学生几乎多4倍，比初中一、二年级学生多1倍多，达到了记忆的“高峰”。如果假定高中毕业（18岁）到35岁记忆成绩为100的话，则35～60岁记忆平均成绩为

95，60~85岁为80~85。

1. 青少年记忆的特点

青少年正处在记忆力的“全盛”时期，因此人们常说“少壮不努力，老大徒伤悲”，就是要青少年抓紧这个时期。然而，“老大”了，记忆力的自然衰退从上述研究数字来看，也并不是太显著的，而且由于知识经验丰富、理解力强，也有利于记忆，所以不必“伤悲”。但青少年一定要抓住这“全盛”时期，努力学习，为以后的学习和工作打下良好的基础。

我国台湾省心理学家概括了几个记忆的实验研究，如果“再现”成绩的最高分数为10，那么各年龄阶段在各项实验测试后得出如下结论：

(1) 对各种不同材料记忆的效果，是随着年龄增大而发展的，到了16岁（高中一、二年级），记忆趋于成熟。16~18岁，记忆的成绩基本上没有什么变化。因此，从16~18岁起，青少年（高中生）的记忆就成为记忆发展的“全盛”时代，或“黄金”时代。

(2) 同一年龄的中、小学生，对不同材料的记忆效果是不一样的。对直观形象的物理刺激材料的记忆要优于抽象的语言刺激材料的记忆；同样是语言材料的刺激，对视觉语言材料的记忆要优于其他感官收到信息的记忆。可见，记忆的差异，不仅受主体差异的影响，而且为材料——信息的性质所制约。

记忆，有各种分类。一般按3种方式来分类：①从记忆的目的来说，可以分为有意识记和无意识记；②从记忆的方法来说，可以分为机械识记和理解识记；③从记忆的内容来说，可以分为形象识记和抽象识记。

2. 无意识记和有意识记的发展

所谓无意识记，是没有预定目的、没有任务、不知不觉的识记。所谓有意识记，是有意识、有目的任务的识记。我们不能笼统地说这两种识记哪一种效果好。对比记忆效果，只能在相同的条件下进行，只是在同记一件事情的时候，有意识记的效果要比无意识记的效果好。但是，这两种识记都是不可缺少的，因为人们不可能长时间地处于紧张的有意识记之中。在日常生活中，无意识记往往被使用得更多一点，同时，有意识记的发展，与无意识记的发展往往相辅相成。

研究有意记忆或无意记忆的方法，主要是给予被试者一定的识记目的任务，一定时期后，检查其再认或再现的情况，这成绩就是这种识记的效果。研究表明：

(1) 有意识记随着年龄的增长，随着学习动机的激发，学习兴趣的发展，学习目的的明确，在学习中的主导地位则越加显著。一般情况下，这个主导地位的显著表现是从小学三年级开始的，但小学生的有意识记的任务往往是由教师提出的。

中学阶段，有意识记的突出特点是，学生逐渐学会根据不同的教材内容，由自己提出识记的目的任务，并且是适当长远的识记任务。从初中二、三年级起，他们能逐步自觉地、独立地检查自己的记忆效果，主动地根据所识记任务的具体内容与自己的具体特点选择良好的记忆方法。

（2）青少年在中学阶段，不仅有意识记在发展，无意识记及其效果也在发展。

不管有意识记或无意识记，其记忆效果主要在于记忆过程的思维活动的程度，也就是能否将所记忆的东西或材料当做智力活动内容或对象。

教师和家长不仅要有计划地发展中学生的有意识记，而且也要发展他们的无意识记，特别是教师，如果讲课生动、风趣，能激发学生情感，扣住学生心弦，那么学生无意识记的效果会相当显著，并能有较快的提高。

3. 机械识记和理解识记的特点

所谓机械识记，是在不理解、不甚理解或无法理解的情况下，原原本本、逐字逐句地识记。例如，背书、识记国际音标，就是采用这种识记方法。所谓理解识记，就是根据对材料的理解，结合自己的经验进行识记。例如，学生通过分段、编写提纲，达到理解课文、熟记教材的目的。机械识记所反映的往往是事物的个别的、外部的联系，而理解识记则是以对材料的理解为基础的识记，它反映的是事物的本质特点。

少年阶段的学生，随着思维的发展，理解识记明显地发展起来，虽然此时的机械识记还是很发达，占相当优势地位，但机械识记的主导地位将转化为理解识记占主导地位。

随着年龄的增长和年级的升高，到了中学阶段，教学内容更加深刻地反映着事物的本质特点，因此，对学生的理解识记提出了更高的要求，要求他们对记忆材料进行逻辑加工。加上他们的知识经验日益丰富，言语、思维进一步发展，于是中学生在学习过程中不断地掌握学习方法和技巧，发展着理解识记。实验研究表明，中学阶段，年级越高，理解识记的成分越多，机械识记的成分相对地减少。对于中学生来说，随着年级增高，机械识记运用得越来越少，机械识记的效果也越来越差；相反地，理解识记是他们主要的识记方法，且效果也越来越好。

由此可见，发展中学生的理解识记是很重要的。但是中学生之中有不少人还“擅长”机械识记，这是因为：

（1）机械识记作为一种识记的方法，在中学阶段是不可少的。例如，人名、地名、年代、外文单词等，就要运用机械识记。

（2）学生对教材不理解或理解不透的情况下，只得运用机械识记。

（3）限于知识经验与智力水平，

难以展开一系列技能、技巧、运用方法等智力活动，容易使用机械识记。从这个角度说，理解识记的水平，也往往反映智力活动的水平。

(4) 有的中学生，尤其是高中生，运用机械识记是出自于他们不愿积极地开展智力活动，或智力活动的积极性较低，也就是说不愿意动脑筋；相反地，机械识记倒要“省事”一些。

教师和家长对中学生的机械识记，一是要利用，二是要引导。利用初中阶段良好的机械识记的效果，让他们多背一点知识，成为知识宝库中一份必要的财富；同时，在机械识记中，要引导运用理解方法，找出事物的内在联系，以提高记忆效率。例如，辛亥革命发生在1911年，而中国共产党成立于1921年，如果把这两个年代连在一起，就会发现这两个年代相差“10年”，如果这样让学生记住辛亥革命发生的年代，学生不仅马上记住，而且会长久地印在脑子里。

4. 形象识记和抽象识记的发展

所谓形象识记，就是对过去感知过的具体事物或活动的形象的再现。所谓抽象识记，就是对概念、公式、定律、定理等抽象材料或语词材料的识记。

中学生在学习过程中，必须大量掌握各种科学概念，必须进行逻辑判断、推理和证明，这样，随着中学生言语和思维的发展，语词的、抽象的识记能力也日益发展着。

有人对中学生读了一遍具体的词（如房子、杯子等），并让他们重现所记忆的内容；以后又向他们读了一遍抽象的词（如运动、关系等），也让他们重现所记忆的内容。

实验测试结果表明，中学阶段的学生对抽象材料识记数量的增加和对具体材料的增加相比，从初中一年级开始就加大了发展速度；但中学生的形象识记仍在发展，到了初中三年级之后则略有下降的趋势。我们不能把形象识记看做是低于抽象识记水平的记忆。形象识记和抽象识记，对于中学生来说，都是必不可少的。

二、青少年记忆的培养

如何培养青少年的记忆力呢？主要是让他们学会记忆方法，掌握“记得快、记得牢、记得准”的要领。具体地说，有以下10点：

1. 提高专注力，是增强记忆力的前提

要培养他们的“专注力”。把“注意力”集中于一个对象，做到“一心不二用”的高度专注，这就是“专注力”。同时，在课堂教学时，教师必须排除与教学内容无关的刺激，使他们不分心，以便能够准确地、尽可能地领会教师所讲的内容，这是保持记忆的基础。

2. 要提高青少年对记忆内容的兴趣

兴趣浓、情绪乐观，与长期牢固

记忆而不忘记有一定关系；如果对记忆内容没有兴趣，或者一学习就发愁、厌烦或头痛，那往往是学不进去的，当然更谈不上记忆了。因此，培养记忆力应该从培养兴趣，尤其是学习兴趣入手。

3. 培养学习和记忆知识的目的性

一样的材料，有目的的有意识记要比无目的的无意识记效果好。因此，要经常启发青少年明确了解自己活动的目的任务，要让他们自觉提出较长时间的记忆任务，要培养他们学会独立地、自觉地检查自己记忆的效果，这样才能提高记忆的能力。

4. 理解是记忆的翅膀

对记忆内容理解越深刻，思维活动越积极，则记忆效果越显著。如果中学生对内容没有深刻理解，只靠死记硬背，理解记忆就难以发展，也难以提高。

5. 要善于对材料加以比较

通过比较和分析事物的异同，可以认识事物的本质特点和内在联系，这不仅有利于理解识记能力的发展，而且也能提高记忆的准确性。

6. 学会对记忆材料的分类、分段、拟定小标题（或提纲）等方法

需要记忆的材料很多，可分类、分段、拟定小标题（或提纲），这样能使所记的内容重点突出，使记忆获得有力的支柱，可以加强记忆的效果。

7. 要及时复习

复习的目的是与遗忘作斗争。遗忘是有规律的，德国心理学家艾宾浩斯（H. Ebbinghaus）所创制的著名的“遗忘速度曲线”，表明遗忘变量和时间变量之间的关系，即刚刚记住的材料最初几小时内的遗忘速度很快，两天后就较缓慢，一句话就是“先快后慢”。因此，要使中学生巩固所学的知识，就必须及时复习，使记忆内容在头脑中留下深刻的痕迹，不致遗忘。

8. “试图回忆”

对必须记住的或要背诵的内容，要让中学生反复诵读或默读几遍，然后尽可能试图背出，即及早地试背，检查被遗忘的地方，再重点复习。如果按照这种办法坚持下去，成为习惯，就会形成良好的记忆能力。

9. 间隔记忆

在背诵一段时间后停顿一下，或学习一些其他课程，比长时间地一次试图背诵下来效果要好。因为长时间地背诵，脑细胞容易起抑制作用，影响记忆的功能。因此，教师和家长安排学生复习时，各项课程最好交错进行。根据上述情况，对篇幅长、内容复杂的材料，可采用“化整为零”、“各个击破”的办法。

10. 动员多种感觉器官参加学习和复习活动

集中力量“打歼灭战”，动员多种感觉器官同时投入一种记忆活动，这是巩固记忆，减少遗忘的有效办法。不管是背语文字词或外语单词，都要听、读、写、用并举，使耳、

眼、嘴、手都参加，沟通大脑皮质各部分之间的联系，以加深痕迹，即记忆的深度。

教师和家长的重要任务是把以上这些方法教给青少年学生，随着他们自觉性与主动性的提高，逐步地变成他们自己的记忆方法，从而发展记忆力。

青少年思维能力发展的特点

一、青少年的概念分类能力

1. 概念分类能力发展的研究

概念分类能力发展的研究在国内外思维发展的研究中运用得很普遍。我们曾选择了若干组不同类型、属性和抽象程度各异的概念，采用了4种方法，让中学生分类。这4种方法是：

（1）指定分类。例如，给被试者6组概念，每组4~6个，让他们说出分类的依据。

（2）排除分类。例如，给被试者6组概念，每组5~6个概念，实际上是其中4个概念属于一类的，让他们挑出1~2个不同类的概念，并说出理由。

（3）直接分类。例如，给被试者30~40个各类概念，让他们直接分类，并说明理由。

（4）组合分析分类。例如，给被试者30~40个各类概念，让他们多次分类，第一次分类后，要求打乱各类方案重新作第二次、第三次分类，这就是组合分析分类。如果被试合理的组合分析分类次数越多，且能说明每次分类的依据，就表明他们概念系统越复杂、越完整。

上述4种方法，以下面指标作为评定水平等级的根据：

一级水平——不能正确分类，也不能说明分类根据；

二级水平——能够正确分类，但不能说明根据或说明中有重大错误；

三级水平——能够正确分类，但不能从本质上说明分类根据，仅能从事物的某些外部特征或功用特点说明分类根据；

四级水平——能够正确分类，并能从本质上说明分类根据。

2. 青少年分类能力的提高

研究表明，初中生与高中生的分类水平是有差异的。初中生对所理解的概念分类处于从第三级水平向第四级水平过渡的状态中，他们能够对各类概念分类，也能说明理由，但阐述中掺杂着感性经验。高中生对所理解的概念分类时，大多数达第四级水平，所说明的理由能揭露事物的实质，理论性较强。

研究还表明，组合分析分类的能力是从小学四、五年级开始的，但组合分析的水平是很低的，多数学生还不善于组合分析，找出重新组合的交结点。从初中二年级起，能够组合分析的学生超过50%，但大部分是2次组合分析。从高中开始，80%以上的学生能对所理解的概念进行组合分析，其中大部分能够进行3次或3次以上的组合分析。

例如，对动物概念“海豚、鲸鱼、鲨鱼、鳄鱼、蜥蜴、壁虎、虎、豹”，他们就能从海生动物与陆上动物分类，从凶猛动物与非凶猛动物分类，从哺乳类动物与非哺乳类动物分类等。这样，中学生所掌握的概念，逐步摆脱零散、片断的现象，日益成为有系统的、完整的体系，逐步深入地领会自然规律和社会规律，发展思维的系统整体结构，从而为逐步形成辩证唯物主义世界观准备了条件。

有经验的中学教师十分重视学生分类能力的培养。例如，有人通过化学教学中思维能力的研究指出，在教学中引导学生对物质、现象、概念进行比较，是培养思维能力的一种重要方法。分类是以比较为基础的，是从比较派生出来的更复杂的思维活动。

通过分类，使学生分析物质的各种属性，分析概念的内涵和外延，抽象出对象或现象的本质属性，从而把握概念的实质。如果要把一些物质分为酸、碱、盐3类，就应引导学生分析这些物质的各种属性，如它们对指示剂、金属、非金属、氧化物等的作用，在水中的电离等。

经过充分的比较，抽出它们在水溶液中电离的本质属性，并以它们电离所产生的离子作为分类的依据，把研究的物质分为酸、碱、盐3类。其他那些属性都是次要的、非本质的，都不能作为分类的依据。

由此可见，分类不是简单地把物体分成若干堆，而是把学生学习物体的知识，在分析、比较、抽象和概括的基础上，找出它们之间的联系，找出它们的本质差别，并根据它们的本质差别进行科学划分的一种逻辑思维活动，从中建立科学的概念。

二、青少年的理解能力

理解，就是认识或揭露事物的本质。从思维心理结构出发，理解是把新的知识经验纳入已有的认识结构而产生的，它是旧的思维系统的应用，也是新的思维系统的建立。

按照发展水平，理解可以分为直接的理解和间接的理解2类。直接理解是不要经过间接思考过程就能立刻实现的理解，间接的理解是以事先的思考为根据的理解过程，要经过一系列的阶段。

理解是学生掌握知识过程的中心环节。中学生对知识的理解，范围很广，例如理解教材中所说明的某些事物间的因果关系和规律；理解教材中所阐明的某些事物的本质特性的矛盾关系；理解教材中所说明的某些问题，诸如数理化定理、公式及解答习题的逻辑依据；理解教材中所说明的某些物体的构造、性质；理解课文的内容和意义；等等。中学教学要求中学生理解能力不断提高，这样才能正确而顺利地掌握知识。

如何研究中学生的理解能力呢？国内外常用的方法，是看学生对谚语、寓言、成语等形象材料的理解程度。例如，有人曾把十个成语典故用白话呈现给被试者，让被试者解词并造句，从中发现中学生理解成语的水平可以分为3级：

第一级水平是完全停留在了解故事具体情节和对词的表面理解上。例如，“朝三暮四”，是指猴吃橡树子，早晨3颗，晚上4颗。

第二级水平是受具体经验的局限而作接近本质的形象理解。例如，“朝三暮四”，是指自己欺骗自己，自作聪明。

第三级水平是摆脱故事具体情节和生活经验，充分领会成语的隐义或转义。例如，“朝三暮四”，原表示一种欺骗手段，后来常用来指责那些反复无常的人。

研究指出，如果在正常的教育教学的条件下，初一年级以第二级水平居多，初二为过渡阶段，初三以上各年级，大部分被试者都达到第三级水平。

可见，初中阶段，学生的理解能力在逐步发展，但在初中二年级之前，他们的理解能力，在很大程度上还要依靠具体的形象的经验作支柱。高中学生，基本上能理解事物的一般属性，他们对于要理解的事物，力求运用各种经验材料，作出理论的、规律性的说明，并用理论把各种材料贯穿起来，以进一步扩大自己的知识领域。

为了发展中学生的理解能力，教师和家长必须从学生和孩子已有的知识经验出发，引导他们逐步达到对新事物的理解的目标。注意教学和辅导中的量力性与发展性相统一的原则，要循序渐进；要提高他们的言语水平，这是理解的必要条件；积极引导他们参加实践活动，以利于他们全面而又深刻地理解。

三、推理与解决问题的能力

思维过程总是体现在一定的活动，主要是解决问题的活动中。解决问题的过程可以划分为4个阶段：提出问题，明确问题，提出假设，检验假设。这一系列思维过程的完成，主要的途径是依靠逻辑推理来进行。

推理是由一个判断或许多判断推出另一个新的判断的思维过程。思维之所以称得上为“间接”的认识，主要是由于其中有推理过程存在。因此，掌握比较完善的逻辑推理能力是青少年智力发展的重要环节和主要指标。

研究推理的方法有2种：①结合教育和教学开展自然实验或调查，②实验室里解决问题的研究。对中学生的推理与解决问题的研究，目前也采用以上这2种方法。

1. 一般的推理研究

一般的推理研究，主要按照推理的几种形式，如归纳推理（从特殊到一般)、演绎推理(从一般到特殊)、类比推理(比较共同点)、对比推理(比较相异点),编拟各类问卷题,对中学生进行调查。结果表明,初中学生在教学影响下,逐步学会有意识地使推理合乎逻辑,基本上掌握了各种逻辑推理的形式。但他们对于一些感性材料,往往能很好地进行推理;而对于一些比较抽象或困难的材料,就常常有瞎猜乱碰或不合逻辑的情况。

教师和家长的任务在于从初中生的实际出发,引导他们逐步学会自觉地、独立地对现实材料进行分析综合,判断推理,并及时纠正他们不合逻辑的论断。高中学生在正常教学条件下,那种自觉地进行恰当的、合乎逻辑的推理能力在不断发展,抽象概括性、逻辑条理性也在不断提高。他们开始看到了特殊和一般、归纳和演绎、类比和对比、理论和实践的关系,于是从特殊到一般的广泛的概括能力,从一般到特殊的具体化的能力都较迅速地获得发展。

所有这些,必然导致高中生辩证思维的初步发展,并为他们思维能力的成熟奠定下良好的基础。教师和家长的任务在于抓好他们成熟前推理能力的培养,促进逻辑推理的各种形式的全面而良好的发展。

2. 推理与解决问题的实验研究

在实验室中研究推理能力与解决问题能力的发展,是根据已知的思维活动规律或有关的一些假定编制题目来进行的。这些研究适合于各个年龄阶段。我们这里介绍3个“皮阿杰作业”:

(1)颜色的组合——实验出示6堆10个一组的木片,每堆一个不同的颜色,要求被试者做一对颜色没有重复的任何一对,并穷尽全部可能的组合,指示被试者设计一个完整的组合系统。完整地组成15对算是成功地完成了这个课题。

(2)看不见的磁力——材料是由带着8个扇形的一块大的圆木板,相对的扇形在颜色上相配。在相配的扇形上是数对盒子,除一对闪着光亮的容纳着隐藏在蜡中的磁铁的盒子外,其余的盒子重量不等。被试者不知道隐藏着的磁铁。让被试者解答问题:为什么中央的金属条每时每刻总指向同一对盒子而不是指向放置在圆面周围的其余盒子。为了归纳出金属条是被磁力所吸引的结论,这些被试者必须做出假设演绎并证实演绎的正确性。

(3)影子的投射——材料是由直径为5、10、15和20厘米的圆环组成,放置在100厘米长带有呈锯齿形的每1厘米分度的底板上。一支蜡烛放在板的一端作为光源,幕帘挂在另一端。要求被试者找到4个射影彼此准确地重合在一起。这样做,被试者需要以它的比例大小找出唯一的只能放置在离光源20厘米的环上,以使邻接的大小圆环的距离和直径之间互相补偿。成功地完成课题需要理解距离和直径之间的倍增的关系。

整个实验阶段，实验者并不要求正确或错误的回答，而是关注着被试者用以解决问题的推理过程，把言语行为、被试操作仪器的范围、标准指示以外的暗示次数和反应的长时停顿现象都加以记录。成绩分为4等，从具体到完全形式，分别打1、2、3、4分。

从实验结果可以看出，中学生在实验室里所表现出的推理与解决问题的能力，既受客观刺激的影响，例如，对3个难易程度不同的实验表现出3种不同推理水平（$P<0.001$，差异很显著）；又受主观因素的影响。实验中表现出男、女的推理水平的差异（$P<0.01$，差异显著），表现出年龄的差异（$P<0.001$，差异很显著）。13~15岁的中学生，他们已基本上掌握了解决实验课题的推理方法，但他们这种能力是不高的，遇到难题就中断推理过程，以上3个课题的完整解决，一般要到17岁，这说明完整的推理与解决问题的能力是在高中时期获得的。

青少年智力品质的发展

智力品质，主要表现在思维活动中，于是有人又叫它为思维的智力品质。思维的智力品质，是思维活动中智力特征在个体身上的表现。青少年在中学阶段，由于教学和教育要求学生的思维具有一定水平的目的性、方向性、独立性、组织性和批判性，要求他们的思维具有一定的速度、灵活程度、广度和难度，也要求他们必须有独立思考的能力，于是促进中学生在小学智力品质的基础上发展思维的智力品质是非常必要的。

中学生思维的智力品质有哪些特点，又如何培养呢？

一、敏捷性的发展

1. 敏捷性的概念

敏捷性是智力活动的速度。它反映了智慧能力概括程度、内化和简化。中学各科教学要培养学生反应快、思考敏捷的品质。例如，数学教学强调培养学生正确迅速的运算能力，就是要培养学生的敏捷性。它的指标有2个：①速度（时间），②正确率。中学生运算过程表现出：正确—迅速，正确—不迅速，不正确—迅速，不正确—不迅速等4种水平。

研究表明，中学生在数学运算中敏捷程度是有显著差异的，这种差异有其一定的年龄特征，从初二开始更为显著，年级越高，差异越大。我们从一些中学追踪班个案材料中看到，初三以后，运算过程中速度的个体差异逐趋“稳定”，高中阶段，这种差异“基本定型”。

培养中学生智力品质的敏捷性是十分重要的，尤其是“定型”前更为必要。我们曾经作了这样的调查：1978年某区按规定，选择在校超常学生38名占学生数的3‰参加高考，数学120分钟内交卷，成绩在80分以上。以同样试卷，让一所学校的重点班运算，平均交卷时间为180分钟，平均成绩仅35分（$P < 0.01$，差异显著）。这38名尖子学生中，年龄最小的一名才15岁，在一次区数学组选拔考试中，对3小时的习题，只用了50分钟全部完成且获得了满分。可见超常学生思维敏捷，反应快。

相反，我们曾调查了一些低常学生（占学生数的5‰），他们到中学后一般无法继续"求学"，他们思维迟钝，反应极慢，与正常学生同时完成他们力所能及的习题时，所用的时间往往是一般学生的3倍以上。

2. 培养敏捷性的方法

如何培养中学生的智力品质的敏捷性呢？常见的办法有2个：

（1）在各科教学中有速度的要求，利用中学生"年轻好胜"的心理，加强速度比赛的训练。我们曾发现很多升入初中时很敏捷的学生，但由于教师缺乏速度的要求，逐步养成干什么事情都带惰性习惯，思维过程越来越显得迟钝，这是值得教师和家长注意的教训。

（2）要教会学生一定速度的要领和方法，以利于提高敏捷性。例如，数学教学中"速算方法"的运用，让学生在思维活动中通过具体化达到"熟能生巧"，一旦"生巧"，既能丰富数学知识，又能锻炼思维品质。

二、灵活性的发展

1. 灵活性的概念

灵活性是指智力活动的灵活程度。它表现在：

（1）思维方向灵活，即从不同角度，不同方面，能用多种方法来思考问题，这就是思维起点的灵活；

（2）运用各种法则、公理、规律的自觉性高，这就是思维过程的灵活；

（3）注意能力的迁移，能举一反三。

在各科教学中，中学生智力品质的灵活性是提高教学质量的一个重要条件。

2. 灵活性的规律

中学生灵活性的发展是有规律的。我们对中学生运算能力发展的研究中，通过对一些追踪班个案材料的分析看到：

（1）中学生的智力品质灵活性随年龄增大而发展，初二时具有灵活特点的人数占追踪总人数的30%，高中时期占38.3%。

（2）到高中一年级，学生的灵活性的差异趋向"基本定型"，上初二具备灵活特点的30%被试者，保持到高一仍显著表现这种品质的为21.6%（占这30%学生中的72%），具有相对的稳定性。

如何研究中学生智力品质的灵活

性，又如何培养他们这种智力品质呢？美国心理学家吉尔福特（J. P. Guilford）提出“发散思维”（Divergent thinking）的培养。“发散思维”是“从给定义的信息中产生信息，其着重点是从同一的来源中产生各种各样的为数众多的输出，很可能会发生转换作用”。

发散思维是一种创造性思维，它沿着各种不同的方向去思考，它的产物不是唯一的，而是多种多样的，它具有新颖性、多端性（多方面开端）、伸缩性、精细性4个特征。

“发散思维”在我国教育界并不是什么新课题。例如，数学教学中的“一题多解”，语文教学中的“一字多组（词）”，就属于发散思维的范畴。就以“一题多解”来说，这种训练是个老方法，而且是一个好方法，应该发扬。

从各种解法中找出规律，便能举一反三，比盲目多做题的效果要好得多。教学知识浩如烟海，即使在一个科目内，谁也不能举出一切类型来。

衡量一个学生智力高低主要是看解决题目的难易程度与灵活程度，而不只是看题目类型的多寡。一味地多做题，势必把学生淹没在题海之中。所以教师和家长应该精选例题，按类型、深度编选适量的习题，再按深度分成几套，进行一题多解的运算，启发学生思考，活跃学生思想，进而发展学生思维的智力品质的灵活程度，使学生在知识与智力上都“更上一层楼”。

三、深刻性的发展

深刻性是指思维过程中的抽象程度。它反映在思维过程里是人云亦云，还是独立思考、善于发问，这是思维过程中一个很重要的品质的差异。

1. 批判性在增长

中学生的批判性在明显增长，主要表现在他们已经不像小学生那样，对教师和家长的要求百依百顺了，他们逐步地用批判的眼光来看待周围的一切，他们不断地提高自己的独立思考能力，不满足成人和书本上的结论，敢于大胆地发表个人的意见，喜欢怀疑、争论、辩驳和提出一些新奇的想法。

2. 初中生和高中生的批判性是有差别的

尽管初中生开始能够比较自觉地对待自己的思维活动，开始能够有意识地调节、支配、检查和论证自己的思维过程，使他们在学习上和生活上有更大的独立性和自觉性。然而，初中生思维的批判性还是极不成熟的，容易产生片面性与表面性，例如表现为毫无根据的争论，孤立偏激地看问题，好走极端，容易肯定一切或否定一切等。

在正常的教育条件下，高中生思维的批判性就比较强，他们在思考问题时不肯盲从，喜欢探求事物表面现象的根本原因；他们在提出争论的观点时，往往要求具有一定说服力的逻辑论证。也就是说，自高中阶段起，学生不仅开始思考学习材料本身的正确性，而且开始思考思想方法的正确性。尽管如此，高中学生的思维活动，还在一定程度上带有片面性和主观性，容易产生公式主义和死抠教条的毛病。

3. 鼓励批评

教师和家长应该重视批判性这种思维发展上的新品质，绝不能因为中学生经常提出不同的或怀疑的意见，就认为他们是故意“反抗”自己，因而斥责他们，甚至压制他们。只是要注意启发中学生在积极思考问题的同时，还要尊重别人，懂得文明礼貌，学会以商量的态度办事。

中学生在思维活动中的片面性，同他们的知识、经验还不足，辩证思维还不发展有关。教师和家长的任务，一方面要大力提高中学生独立思考的能力，随时加以引导、启发；另一方面还要对他们在独立思考过程中还存在的这些缺点给以耐心的、积极的说服教育，既不能嘲笑或斥责，又不应该放任不管。

青少年想象能力的发展

想象是在客观事物的影响下，在言语的调节下，人脑中已有的表象经过改造和结合而产生新表象的心理过程。想象能力的水平，决定于已有表象材料的数量和质量，决定于人的思想意识和个性品质，决定于言语的水平。

想象和思维之间，不存在着一条不可逾越的鸿沟，想象就是形象思维。想象与思维，是人们创造活动的两大认识支柱。

想象过程，按照创造性的程度不同，可分为再造想象和创造想象。再造想象是根据某些事物的图样、图解或言语描述而在头脑中产生关于某一事物的新形象。创造想象是人们按照一定目的、任务，在头脑中独特地创造出某一事物的新形象。比起再造想象，创造想象是更复杂、更富有独创性的高级的想象活动。

一、测试青少年想象力的方法

1. 印象画法

即以若干幅印象画，让被试者观察，说出其浮现在心中的观念，并作时间的统计。

2. 作图法

按一定的言语，描述，让被试者作图。例如，对“火山”、“飞碟”、“机器人”、“悬崖峭壁”等语词作图。

3. 创作法

创作法包括以下 4 种：

（1）再构成法。即提示三言两语，在规定时间内，让被试者自由联系，回答联想内容，看是否有创造性。

（2）完成法。以不完全的文章，让被试者接着补充完成。

（3）作文法。确定课题，在一定时间内做作文，按用时、字数、思考、结构、布局和全文内容，测定想象能力。

（4）制作实物。让被试者按照一定要求制作实物，或分析他们已经创作的作品，如无线电、航模、电器、木器等。

4. 检查空间想象力

研究中学生空间想象能力，既是思维的课题，又是想象的课题。其研究的指标，国内数学教学界确定为4项：

（1）对基本的几何图形必须非常熟悉，能正确画图，能在头脑中分析基本图形的基本元素之间的度量关系及位置关系（从属、平行、垂直及基本的变化关系等）；

（2）能借助图形来反映并思考客观事物的空间形状及位置关系；

（3）能借助图形来反映并思考用语言或式子所表达的空间形状及位置关系；

（4）有熟练的识图能力，即从复杂的图形中能区分出基本图形，并能分析基本图形和基本元素之间的关系。

我们曾按照研究空间想象力的4项指标，对中学生的空间想象力作了调查，根据调查材料，把他们空间想象能力分为四级水平：Ⅰ. 用数字计算面积和体积；Ⅱ. 掌握直线平面；Ⅲ. 掌握多面体；Ⅳ. 掌握旋转体。

中学生空间想象能力的发展存在着明显的年龄特征，其中初二到初三是空间想象能力的加速时期或关键阶段。过去，人们往往误认为培养空间想象能力主要是立体几何的任务，其实不然。我们在研究中看到，尽管客观事物存在于三维空间之中，其空间形式需要表现为三维的；但是，人们对三维空间的形式，却往往需要分解为二维的图形来掌握。可看出对二维的平面图形进行观察、分析和抽象思维是更基本的。所以在平面几何的教学过程中，培养发展中学生的空间想象力是十分重要的。

二、青少年想象力的特点

从中学生空间想象力的发展当中可以看出，中学生的想象是十分丰富、生动，而又十分复杂的。

（1）中学生想象的有意性在迅速增长。

中学生的想象，特别是高中生的想象，大多是有意识的、有目的的。例如，中学生的作文，能够围绕中心，不断地进行连贯的构思。

（2）中学生想象中的创造性成分逐步增加，创造想象在想象能力里越来越占优势。

全国青少年科技作品展览，数以千计的科技作品，出自中学生之手；高中学生开始习作小说是大有人在的。可见中学生随着年龄的增长，其想象的创造成分日益增多，这为他们以后创造发明，无疑是一个重要的基础。

（3）中学生想象的现实性在不断发展。

中学生是富于幻想的，但是随着年龄的增加，他们的想象由具体的、虚构的向抽象的、现实的方向发展。

青少年学生的学习兴趣

兴趣是一种特殊的意识倾向，是动机产生的重要的主观原因。兴趣作为一种自觉的动机，是对所从事活动的创造性态度的重要条件。兴趣具有追求探索的倾向，良好的学习兴趣是学习活动的自觉动力。

研究青少年的学习兴趣，一般分为追踪研究和横断研究。

追踪研究是跟随某学生或某集体一年或数年，记录他们的兴趣变化。我们曾对北京市某区航模组做了多年的追踪研究，发现中学生的课外活动兴趣不断变化和逐步稳定的事实，看到稳定兴趣的形成，成为他们选择终生职业的内驱力。

我们对不同学科、课外阅读、课外活动和对时事、政治的兴趣进行过研究，现分析如下：

一、青少年对不同学科的兴趣

对不同学科的兴趣，其分化是从中学阶段逐步明显起来的。我们在研究中看到，被调查者的95%左右，能够明确地指出他们“最喜欢的一门课”与“最不喜欢的一门课”。这就说明中学生对不同学科兴趣的分化是明显的。他们最喜欢的学科是数学（占总人数的32.5%），最不喜欢的学科是外语（占总人数的29.5%）。

最喜欢某一学科的原因有以下几种：

（1）老师讲得好（34.4%）；

（2）从小喜欢，基础较好（22.5%）；

（3）能动脑子（19.2%）；

（4）学了有用（13.8%）；

（5）其他（10.1%）。

最不喜欢某一学科的原因有以下几种：

（1）基础不好（40%）；

（2）老师讲得不好（23.3%）；

（3）学了没用（13.4%）；

（4）不喜欢文科或者其他科（11.7%）；

（5）其他（11.6%）。

这里，教师讲课的水平，是学生学科兴趣形成的最重要条件。例如，目前中学生选择政治课作为“最喜欢”学科的并不多，但这些为数不多的人中，其原因是“老师讲得好”者占78%。又如，最不喜欢的学科——外语，其原因是“基础不好”与“老师讲得不好”（这两项占94%），造成基础不好的原因也是多种多样的，其中有从小无人抓，有过去的教师教学不得法或水平较低，未能从小激发起学生对这门功课的兴趣。

可见，家长抓紧早期教育和教师的教学质量对学生学科兴趣的形成及推动学生积极学习起着决定性作用。

在中学阶段，男、女生的学科兴趣有无差异，这在国际心理学界是有争议的。日本与美国的高中男生重视理论的，经济的、权力的价值，女生重视艺术的、社会的，宗教的价值。两者的不同点在于，美国学生重视宗教的价值，日本学生重视社会的价值。

通过调查发现，我国中学生对文、理两科的兴趣是有差异的。男生对理科的兴趣稍大于女生，女生对文科的兴趣又大于男生。这是我国中学生学科兴趣的一个重要表现。

针对男女生不同学科兴趣的特点，进行不同方式的引导，这是教师和家长对中学生培养中必须重视的一个问题。

二、对课外书籍阅读的兴趣

中学生的阅读兴趣很广，不仅注意课内阅读，而且也注意课外阅读。中学生的课外阅读的水平是分等级的。从我们自己的研究中，看到目前中学生课外阅读的兴趣，可以分为 3 级水平：

第一级是不阅读或很少阅读课外材料；

第二级是能够阅读课外书籍，但只满足于书本的情节或趣味，例如阅读故事书、小说和有趣的科普杂志等；

第三级是对课外材料有目的地深入阅读，并且能够钻研一些问题，例如阅读数、理、化、语文、外语等参考书，演算大量习题或做读书笔记等。

目前中学生对课外书籍阅读的兴趣是有差异的，表现在：①随着年级的增高，课外书籍阅读兴趣的水平也随之提高。②重点中学学生课外阅读兴趣达到第三级水平的人次和百分数，高于其他中学。

教师和家长要关心和指导中学生的课外阅读。要为他们选择良好的、为他们所理解的读物。要注意他们阅读的具体内容和情节，特别是文艺作品，因为中学生对故事中的人物有模仿的倾向，所以，要指导他们如何欣赏作品，如何以批判的态度去对待材料中消极的因素，以便他们提高认识，增强鉴别能力。

三、课外活动的兴趣

青春期的肌肉、骨骼发育很快，使中学生精力充沛，活动量大，探求能力和好奇心加速发展。于是他们对课外活动的兴趣也迅速发展。中学生课外活动的兴趣，也是分为不同等级的。

目前中学生课外活动的兴趣，也可以分为 3 级水平：

第一级是对课外活动不感兴趣，或只参加学校规定的课外文体活动；

第二级是能够积极参加各种课外活动，但未见专长；

第三级是不仅积极参加课外活动，而且还能取得一定的成绩，例如制作航模、无线电、教具等，或参加文体比赛获得名次等。

研究发现：

（1）中学生参加课外活动的兴趣水平，有随着年级增高而下降的趋势，表现为第一级水平的人次随年级增高而加多，第三级水平的人次又随着年级增高而减少。

（2）重点学校学生参加课外活动的积极性不如一般学校。这种现象的产生有主观原因，也有客观因素。

从主观上分析，少年期的猎奇心理比起青年初期要强烈，这促使初中生比高中生更活泼、好动。从客观上分析，主要是单纯强调升学率的结果。由于追求升学率，势必忽视他们的思想工作；由于追求升学率，使相当一部分学生，特别是高年级学生和重点学校的学生把升学当做自己唯一的学习动机，往往过早地偏科或忽视课外活动，包括体育活动，不利于德、智、体的全面发展。

我们并不反对升学考试，但却反对把升学率作为衡量学校一切工作的标准。在学校里，应该加强思想工作，抓好学生理想和学习动机的培养，应该注意发展学生多方面的兴趣。我们认为，对处于后进的学生，要从培养学习兴趣入手；对那些已形成一定课外活动兴趣的暂处于后进的学生，要积极加以引导，启发他们的兴趣迁移。这些都是学校工作中不可缺少的环节。

四、对时事政治的兴趣

中学生对社会政治事件的兴趣不断发展着。在研究中，我们看到目前中学生对时事政治的兴趣，可以分为3级水平：

第一级是对时事政治不够关心，很少听新闻广播和看报；

第二级是对政治比较关心，经常看报，听广播，了解时事；

第三级是对时事政治非常关心，主动看报，经常关心国内国际大事，对重大问题能发表自己的看法。

中学生对时事政治兴趣的水平，是随着年级升高而发展，这反映他们对时事政治的兴趣的发展是有一个年龄特征的。同时，中学生对时事政治的兴趣水平也是有差异的，研究中看出重点学校学生达到第三级水平的人数比一般学校要多。然而，我们也看到，目前中学生关心时事政治，特别是积极主动地关心时事的人数不太多。

由此可见，目前中学思想教育的一个重要内容，是引导学生关心时事政治，关心国家大事。研究表明，主动积极关心时事政治的人数随年级增高而增多，所以对高年级学生进行思想政治教育是有一定基础的。只要教师和家长抓紧抓好思想政治工作，实事求是，讲究方法，思想政治工作是会有效果的。

心理健康问题篇

什么是心理失常与心理正常?

在日常生活中，无论对人还是对己，都不要把心理失常（病态心理）和心理正常（常态心理）绝对地截然分开，认为二者之间有一条不可逾越的鸿沟。

一、心理失常与心理正常的界线

这里所谓的常态与病态，以及把严重的病态心理（心理疾病）说成是“变态”，它们之间只不过是在程度上有所不同罢了，实际上，它们之间的界限很细微。西方有位心理健康专家说得好：“有许多人在他的一生当中，时而越过这个界限，成为变态者；时而又返回去，恢复为常态者。”

如果把正常心理比喻为一个体积适量的皮球，那么，心理失常只不过是它的膨胀或缩小。比如说，在心理正常的人当中，会不会有人也有“心理危机”的状态呢？有的，程度不等地存在着。例如，当他们的生存遭遇到威胁的时候，也会做出一定的防卫性反应，这个时候，他们在心理上就会处在“危机”的状态中。

不过，正常人和失常者在心理症状的表现程序上不大一样。可以说，二者的区别也仅仅是在这里。例如，正常人因高烧而意识模糊的时候，也会产生种种幻觉；而严重的病态心理者，则是在意识清醒的时候，也会表现出幻觉。因此，病态心理只不过是常态心理的“反常”现象，在症状的表现上有所不同罢了。这样看来，就完全没有必要对心理失常的表现感到可怕或者可耻。同样的，也绝不应该讥笑或者鄙视有失常心理表现的人。

二、心理疾病的症状表现

那么，什么是心理疾病的症状表现？国外有的学者提出，心理疾病患者一般具有下面这10种疾病性的症状（或者说“特征”）：（1）记忆力衰退；（2）注意力不集中；（3）缺乏自信心；（4）过多的内疚自责；（5）悲观厌世；（6）忧虑；（7）逃避；（8）失眠；（9）烦闷；（10）

惧怕。

这10条症状，往往会使一些人产生恐惧感。他们对照检查后，发现自己可能有10条症状中的某几项，于是疑惑自己是不是得了“心理疾病”。朋友们千万不要做这样的“自我诊断”，因为心理健康这门学科，最忌讳的就是自己轻率地给自己下结论。因为心理疾病绝不可自我诊断，自我诊断是危险的！自己疑神疑鬼，惶惶不可终日，没病也会有病。

另外，自我诊断是无根据的，没必要的。因为，首先，疾病的特征，并不等于疾病本身。症状只是疾病的征兆、信号，而不就是疾病。比如说，你能说“烦闷”是一种“疾病”吗？你顶多只能说它是心理疾病的一种表现症状或表现特征。医院里只有内科、神经科、脑系科……而没有“烦闷科”，“烦闷”只是一种症状罢了。

其次，既然病症不等于是疾病，那么，这10条症状和心理疾病就不能等同看待，不能画等号。因为即使是一个心理完全正常的人，他也可能会身受这10条当中的某一条或某几条病症的折磨而痛苦。比如说，可能长期失眠、一时烦闷、有时惧怕、偶尔忧虑等。

当然，如果有人真的完全具备了这10条病症，而且旷日持久，继续了很多年，越来越重，那就得引起重视。因为他很可能真的得了心理疾病。因此，我们每个人都不必过分地神经紧张。心理疾病症状和心理疾病并不是一个概念，不是一回事，它们之间是有质的区别的。但是不必讳言，它们之间也有关联，那就是“涓涓不塞，将成江河”。

如果你不把症状放在心里，忽视它可能导引心理疾病的产生，那你就不会重视讲究心理健康，这样，就会从小到大、从少到多、从弱到强地发展恶化下去，说不定迟早有一天，从量变演成质变，当真罹致心理疾病。这是不能不提醒青年朋友们当心的。

如何区分失常心理与正常心理？

如果你问一位研究心理健康问题的专家：怎样区分一个人的心理状态是正常的，还是失常的？我想他也许会沉吟良久，一时回答不出来。这是什么缘故呢？

主要是因为正常与失常、常态与病态（以至“变态”）是很难绝对地划分清楚的。你要想确定一个人的心理是否属于失常状态，就得首先要确定一个“常态标准”。可是迄今还没有这样一个公认为最标准的衡量“标准”。

目前，确定一个人心理是否属于常态，通常有3种方法：

一、推断方法

这是一种根据自己主观上的认

识、经验，确定与判断常态或病态的标准。实践证明，这种方法很不可靠。

比如，一般人认为，青年人每天睡眠应该不少于8小时。可是有些青年人，长期来养成睡眠7小时的习惯，对他的身心健康并无不良的影响。你能说每天睡7个小时的人是反常吗？我曾经听过这么一个“笑话”，有一个男青年对他的妻子说：“我看咱们班上的同学（他俩上大学时是同班同学），除了你我，其他人脾气都有些古怪，有时候，我发现你也有些古怪。”

其实，说这句话的这个男青年，倒是恐怕多少有些“古怪”了，怪就怪在他以自己的脾气、性格等作为唯一的标准，来衡量他们过去同班同学的心理品质。他把凡是和他的心理特性不同的人，都看成是“古怪”或“病态”。

二、常态分配方法

很多所谓的“心理失常”，在失去常态的人当中，固然显示得特别强烈，但是，在常态人当中，也程度不同地存在着。比如，由于工作不顺利，考试成绩不理想，人人都会感到沮丧、难过，而心理失常的人的悲伤、痛苦则过分强烈，甚至往往没完没了，以至引起心理疾病。

常态分配曲线图是两头小、中间大。在这张曲线图里，大多数人是属于“中间型”的，他们的常态特性和常态趋向，从理论上讲不多不少、不大不小，居适宜的中位；但实际上则是偏多一些、偏大一些。而处在常态分配曲线两端的人，则比较少，他们或者是不健康的心理失常，或者是健康的心理失常，也就是说，他们的常态特性或趋向，不是特别多就是特别少。但是，属于两端的所谓的失常、病态，也只是相对而言，在程度上可以分为轻微失常的、较重失常的和严重失常的等。因为在中间和两端之间，又可以区分为不同的级差。

三、病因检验方法

这种方法所依据的标准，是着眼于心理失常的原因。心理失常的原因，通常认为有2种：生理上的原因和心理上的原因。

生理上的原因查找起来，相对地比较容易。例如，由于脑震荡等外伤，而造成记忆力丧失或减退，等等。但是，由心理上的原因所形成的心理失常，查找起来却比较困难，甚至往往查不出病因。由于心因性的心理失常比较难于判断、确定，所以医治起来比较困难、棘手。

心因性病因的检验方法，一直在不断地探索和改进。可以预期，随着现代精神病学和医学心理学理论与技术的迅速发展，在不远的将来，必将会有新的突破，给由心理上的原因造成心理失常的人带来福音。

心理疾病是怎样产生的？

人们通常认为招致心理疾病的原因是由生理、心理和社会影响3方面的因素所引起的。这3种因素相互影响，互为因果；而且心理疾病又往往是由这3种因素当中的2种以上的因素所促成的，很少是由单一因素所致病的。这是因为生理和心理的因素是属于主观上的原因，而社会影响因素则是客观上的原因，也可以说前者是内因，后者是外因。

一、内　因

对于心理疾病说来，内因一般是要通过外因才能起作用的，身心两方面和体质上的原因，通过外界客观的社会影响方面（比如，政治、经济、宗教、团体、风俗、习惯、传统以及电视、电影、广播、书刊、报纸等大众传播媒介宣传工具）的诱发作为导火线，才会表现为种种矛盾、冲突、纠葛或问题。因此，这3种造成心理疾病病源的因素，就又可以归类为2大原因：体质原因和诱发原因。

“体质原因”指个人体质对某些心理疾病有较高的易感性。它是一种潜在的、主观的因素，它的病因可能由于遗传因子，也可能是在一个人生长过程的各个阶段中所形成的，或者是由于不良的家庭及社会背景等原因所形成的。例如，由于在既往的童年时期，曾遭受过心理上的沉重打击、挫折或创伤，以致神经功能比较脆弱，因而往往会导致以后的成年时期难以应付现实的压力与刺激，于是就会形成心理疾病。体质原因是基本的、主观内在的远因。

二、外　因

一般地说，心理疾病并非天生的，除少数人是由于天生的身体缺陷而导致心理疾病之外，大部分是和周围的社会环境有关。因此，我们在看待心理疾病时，不要过分夸大遗传的作用。

实践证明，个人的经历和社会生活的影响，远比遗传本能要大得多。比如，法国的社会学家J·鲁斯朗在一篇报告中写道：当代西方青年的情绪特点是绝望和对未来丧失信心。他说，社会问题调查资料表明：在被调查的青年人当中，有40%的人感到自己被排除在社会大门之外；22%的人感到自己身受社会的剥削；15%的人感到自己孤立无援。而16～22岁的青年中，大多数人都不想建立未来的计划，没有什么理想和抱负，因为他们在失业、现代化战争、生态灾难和政治压力面前感到恐惧。

鲁斯朗的报告又谈到：金融危机、失业对青年造成了严重的社会心理恶果，失业使青年们产生悲观、失望和对未来丧失信心等恶劣情绪；而这些情绪又由于大众信息传播手段的蔓延，把失业描绘为注定的、必然的、不可避免的现象，从而得到加强。

鲁斯朗的这份调查研究报告，清楚地说明了当代西方青年的种种“心理疾病”的根子，是来源于社会与环境的压力，而不是来自什么个体遗传本能因素。

“诱发原因”指引起心理疾病的直接压力，或心理创伤事故。例如，亲属的死亡、经济破产、意外损失或伤害、身患严重疾病，以至发现罹致不治之症、家庭的失调或破裂，以及其他突发性的不幸事件“大难临头”式的突然降临，等等。诱发原因是客观外在的近因、导火线性质的致病原因。

三、内因与外因的共同作用

那么，体质原因和诱发原因是什么样的关系呢？大量的临床观察和生活事实证明，二者经常是互为因果、相辅相成的。当然，二者中任何一种原因，从理论上说，都足以导致心理疾病的产生，不过实际上这种情况在现代社会里比较少见。心理疾病在西方现代社会被称为“现代病”、“社会病”。在西方，绝大部分的心理疾病都是由于不合理的社会生活作用于脆弱的个体所引起的。

那么，是不是上述这样一些原因，可以使每个“不幸的”遭受者，都会“毫不例外”地必然要发生心理疾病呢？生活实践表明，绝非如此。大多数人都是具有能够接受打击、适应环境和应付事变的充分能力的。因而对一般人说来，上面讲的各种因素，并不足以直接地引起心理疾病。可是对于心理疾病感受性较高的人来说，任何具有“诱发”作用的事件（刺激），往往都足以构成“病因”。这一点后面再谈。

心理疾病的三个发展阶段是什么？

人们产生心理疾病时，大都有一个从浅到深、从轻到重的发展演变过程。我们若是了解到它的发展过程，就会有助于判断心理疾病患者究竟“病”到了什么程度，然后，也就可以有针对性地采取相应的措施进行治疗。

心理疾病大体上有如下 3 个发展阶段：

一、初期阶段

在生理上和心理上的主要表现是，接受身体的内部或外部刺激后，会直接地、甚至是立即地产生“反应性”（也可以叫做“应答性”）变化。例如，惊叫、否认、不予理睬、心悸、血压升高等现象。属于这一阶段的“患者”，一般会表现出如下一些情况：

（1）有的“患者”自我解嘲。他们的行动往往好似无意识地、是在不知不觉的状态下做的；甚至会

"自欺欺人"式地为自己的行动辩解，认为自己的行动是合理化的、理想化的。例如，自己干了一件蠢事，当别人批评或劝阻他的时候，他反倒振振有词地说"你不懂！""你外行！"……

（2）也有的"患者"转移目标。他们往往用另外一种虚假的情感来代替、掩饰他的真实情感。例如，情感失败时，就用回忆对方的全部"缺点"来冲淡对对方的感情。

总之，心理疾病刚刚发作的时期，他们会给自己寻找排泄心理阻塞的出路，寻找逃躲心理遭受风暴冲击的避风港。

二、中期阶段

这一时期的心理疾病"患者"，在生理和心理上，主要表现为不适应性的变化。心理疾病的先兆，越来越显著了。他们一般会表现出如下一些情况：

（1）情绪反应强烈。例如，恐惧、焦虑、愤怒、抑郁、内疚、羞愧、怨恨、委屈，甚至有癔症性反应、妄想症反应、强迫性反应和疑病性反应等。

（2）行为变化强烈。例如，肌肉紧张、颤动、口吃、用手敲桌子、失眠、拼命地抽烟或喝酒等。

（3）生理变化强烈。例如，厌食、口干、胸闷、干咳、心跳过速、心区疼痛、脸颊潮红、多尿、尿急、多汗、月经不调、乳汁减少等。

三、后期阶段

这是真正的疾病阶段。在这个时期，患者随着来自身体内外刺激的强度、时间频度的不同，以及每个人的人格特点的不同，会出现各种不同形态的精神症状，严重的会轻生自杀。像这样严重的心理疾病患者，应该向精神病医生和变态心理学专家求助。至于心理健康学只能从"防患于未然"的角度出发，帮助一些心理疾病初期"患者"，防止症状恶化到后期阶段。

怎样正确对待心理疾病？

自古以来，心理疾病被认为是"疯病"；心理疾病的患者，也就被当成是"疯子"。这是一个真真正正的误解！误解的来源，就是人们对心理疾病缺乏科学的认识和了解。心理疾病在人们心目中，往往形成2个主要的思想障碍：①是对心理疾病过分地害怕恐惧，②认为心理疾病是可耻的、让人厌恶的疾病。现在，随着精神医学的向前发展，人们对心理疾病认识的加深，这两种错误的观念正在逐渐地得到纠正。

那么，应该怎样正确地对待心理疾病呢？

一、要在思想上破除害怕心理疾病的不健康心理

这就需要在思想认识上明确2点：

（1）要相信心理疾病是可以治好的。不错，造成心理疾病的原因比较复杂，疗效也比较缓慢。这也不难理解，因为心理疾病患者的病理活动本身就是很复杂的，它看不见、摸不到，主要靠患者自己主诉，靠治疗者去观察辨认。但是，心理疾病比起生理疾病来，也有有利的方面。那就是心理疾病通常不容易危害人们的生命，而且大部分都可以不用吃药、打针就能治好。得了心理疾病的人，只要善于了解自己，增强能够治好的信心，懂得一些有关心理健康的基本知识，掌握和运用一些有效的心理治疗方法技术，那么，心理疾病迟早是会治好的。

（2）要相信心理疾病是可以预防的。心理疾病主要是由于在后天生活经验当中一些不良的适应成了习惯所造成的；而由于先天的遗传所造成的心理疾病则极为稀少。因此，当人们掌握了足够的有关心理健康的基础知识和方法后，人们就有信心预防心理疾病的发生，从而增进心理健康。

二、要在思想上破除认为心理疾病是可耻的观念

1. 对心理疾病患者，不要歧视或鄙视

心理正常的人，对心理失常的人往往讥笑、讽刺、厌恶、疏远他们，“羞与之为伍”，远远地躲开。结果使得心理疾病患者本人形成了自卑感，“自以为耻”和“讳疾忌医”，怕人家说他有病，不愿主动、自愿地向别人倾诉他们心中的积郁、烦恼、苦闷，而且对别人戒备、怀疑、恐惧，这样一来，心理失常就会加重。

所以说，心理健康的正常人，对待心理疾病患者，绝不能歧视或鄙视他们，应该多接近他们、体贴他们、关心他们，向他们伸出温暖的友谊之手，同情他们的遭遇，帮助他们治好心理疾病。

另外，还应当看到，心理失常不仅仅是某个人的不幸，对社会也是个损失，使社会失去了一个能工作、能创造财富、能做贡献的人，也给家人和社会增加了负担。所以，我们每个人除了自己要保持心理健康、防止心理疾病产生以外，还有义务帮助那些已经心理失常的人早日恢复健康。

2. 每个人都有可能罹致心理疾病

任何人在一定的时间和地点等条件下，都可能会有某种程度的失常的表现，而且也有可能得心理疾病。只是在某些行为偏差上，有程度不同的分别罢了。况且所谓“失常”，还有不健康的失常和健康的失常的区分。因此，任何人都不必为自己“幸免”心理疾病而庆幸；也不必因为“人人都有可能心理失常”而产生恐惧。

1980年，美国出版了一本轰动一时的畅销书，书名叫做《寡人有疾》。作者是两个人：一位是名叫摩

西的美国纽约州的医生，另一位是名叫克劳斯的作家。他们两个人对多年来所搜集到的美国历任总统的健康状况资料进行了分析，结果发现在美国历任总统当中，有许多人在生理上和心理上，都患有不同的疾病。

单纯有生理疾病的（严重的肾脏病、口腔癌、中风瘫痪、小儿麻痹、皮肤癌、肺结核、天花、风湿病、高血压、栓塞性心脏病等），这里姑且不去讲它；在心理上有失常现象的，甚至可以说是患有心理疾病的人，为数也颇为不少。比如说，林肯除了一目失明、有头痛症外，还患有忧郁症，在他的第一位夫人死后，他沮丧抑郁，几乎疯狂；第七任总统杰克逊，除了患有严重的偏头痛、一目失明、一耳失聪外，还患有精神沮丧症；麦迪逊有歇斯底里性的癫痫病，等等。

《寡人有疾》这本书结尾处写道：“‘有病’与‘失能’不可混为一谈，有病的人，未必一定失去办事的能力。历代美国总统中，尽管有不少人在身心两方面健康欠佳，但却能对国家有所贡献。”

我想，年轻的朋友从《寡人有疾》所介绍的事实，应该受到2点启发：

①倘若有谁在生理上，或者是在心理上患有失常、病态以至疾病，完全没有理由悲观、沮丧。因为在身心方面健康欠缺的人，并不等于是失去了在事业上获取成功所需要的能力，他们照样可以在事业上有所成就，对社会和国家会做出贡献。

②有些心理失常是健康的心理失常，不要和不健康的心理失常混为一谈。认识到这一点，就不会扼杀天才或者自暴自弃，自我埋没。

如何消除心理疲劳？

一、什么是心理疲劳

生理心理学家给“心理疲劳”下的定义是：在长期思考或者在和别人激烈争吵后，陷入心力衰竭状态的疲劳，叫做心理疲劳。心理疲劳的一般表现是：当你长时间继续不断地从事力不从心的脑力劳动后，你感到精力不支，而且劳动效率显著下降。

引起心理疲劳的原因很多。比如说，周围环境不安静、噪音多、干不熟悉或者不习惯的工作、过亮的照明，以至营养不足、低血压等，都是心理疲劳的病因。但是，最大的原因还是心理因素。例如，烦躁、焦急、过重的心理压力等。同样的不安静的环境、噪音、不熟悉的或不习惯的工作条件以及各种不利的外界条件，对于不同的人的心理疲劳影响，不仅仅在程度上、强度上会不相同，甚至有的人根本不会有反应作用。这就很清楚地说明了心理因素是造成心理疲劳的最主要的原因。

从临床上可以看出，心因性疾病

的患者，心理疲劳的症状最重，他们最容易患神经失调或者神经紧张这类疾病。心理疲劳是心理病症的警告信号。如果不重视这个信号的意义，硬是要去闯“红灯”，咬紧牙关硬挺过去，仍然继续去干力不从心的繁重的脑力劳动，那么你的疲劳感觉会进一步加重，就有可能引起各种心理疾病。

不过，在日常生活里，有时你“感到”疲劳的这种疲劳感，和疲劳本身并不是一致的。比如，当你学习你讨厌的数学时，也许30分钟你就会感到头昏脑涨，十分疲劳；可是当你看你喜欢的推理小说时，也许连续看上3个钟头，也不会引起疲劳感。30分钟和3个小时的差别是大的，看3个小时而不感到疲劳，看了30分钟反而感到疲劳，说明“疲劳感”包含有主观性和个体性。

你感到心理疲劳的，他不一定感到心理疲劳；反之也是一样。除由于每个人的体力、身体耐力不相同之外，更重要的是，还同每个人的毅力、心理耐力和兴趣爱好、情感情绪等心理因素的差异有关；另外，每个人对心理疲劳的理解和解释，以及对待方式也会不同。不过应该说，心理疲劳和身体健康状况、体质素养的关系极为密切。“健全的心理寓于健全的体魄之中”，这种说法还是有一定道理的。

二、如何接触心理疲劳

老实讲，生理上的疲劳容易解除，一般人的经验是美美地睡上一觉，就能恢复体力，实在不成，休息几天或者去疗养院休养一段时间，那么就又会充满活力。可是，消除心理上的疲劳却相对地比较复杂。俗话说：“解铃还须系铃人。”你得首先找出造成心理疲劳的心理原因，如果查不出、弄得不好，心理疲劳就会拖下去，成为一种棘手的痼疾。

下面提出5点解除心理疲劳的建议，不妨一试。

1. 严格地掌握作息时间

工作、学习和生活都要纳入有计划的轨道，准确地、有规律地掌握你的作息时间。干什么事都不要拖拉，把平日每天的工作时间，最好控制在10个小时以内。

2. 适度的运动

运动可以促进血液循环，加速新陈代谢。实验证明，慢跑每分钟可以摄取到30～50升的新鲜空气，和1升的酸素。因而你若是每天能够坚持哪怕是慢跑之类的轻微体育活动，每分钟吸收1升酸素、消耗5卡的热量，就足可以使你把过多的脂肪消耗掉。

因此，青年朋友每天至少应当跑跑步。至于怎样跑法好？那倒没有什么严格的规定，因为快跑也好，慢跑也好，都可以使你避免身体虚胖，不仅精神振作，也可以保持体态匀称，使你的身心更加健美。这是因为生命现象，是靠摄取到的酸素点燃起吸进体内的营养素来变成能量的；同时，是靠向体外排除不断产生的二氧化碳和老废物质来维持的。而要想做到这一点，只能靠适度的运动。

3. 吃多种多样的食物

不要挑食，要研究科学的吃法。所谓科学的吃法，就是要考虑到生理上的营养需要，均衡、全面地摄取必需的营养物。这并不是说每天都要吃大鱼大肉，如果条件允许，在每天的食谱里，牛乳、豆浆、奶制品、豆腐、豆油、青菜、水果、海藻类等要适量搭配。现代世界第一流的营养学专家们，对于食物的一致看法是：应该吃多种多样的含热量较低的食物，因为烹调会破坏食物营养，尤其是加热会导致维生素的大量分解，所以，能生吃的蔬菜尽量生吃。

4. 充足的睡眠

当你疲劳时，你应当争取赢得一夜好眠，这对你消除疲劳和恢复元气是很起作用的。现代生物学已经有充分的论据证明，不仅仅是人类，所有一切生物的生命，都是由活动期和休息期有节奏地反复交替所构成的。而休息期间，效率最高的时间就是睡眠。因此，要重视睡眠和心理健康的紧密关系。

根据美国加州圣地亚哥市荣民医院睡眠失调诊断部主任丹尼尔·克瑞佩克博士的研究报告，在6年当中每晚睡眠不足4小时的成人，死亡率比每晚睡七八个小时的人要高出80%；可是每晚睡眠时间超过10小时的人，他们的死亡率也比那些每晚只睡七八个小时的人要高，只不过比率比前者低些而已。这就说明：

（1）对于一般的青年人来说，“足够”的睡眠意味着应该是一昼夜保持在七八个小时；

（2）破除陈旧的观念，不要认为睡得越多越好。

5. 最好的身心保养是善于利用闲暇时间

生活要有紧有松，不能把大脑的神经弦老是绷得紧紧的。只有善于休息的人，才能更好地工作。而这里讲的“休息”也就是保养自己的大脑，大脑必须经过保养休整以后，才能重新焕发生命的活力，保持住心理健康。

幻觉、错觉和空想的区分是什么？

为什么有的人会产生“无中生有”的知觉经验？比如说，他们可能对别人讲，他“看”到了黑夜树丛中人影在闪动，他“听”到了滚滚而来的雷鸣声，他讲得绘声绘色、有鼻有眼。其实，在他所处的现实环境里，并没有那种形象和那种声音。这种在缺乏真实的外在刺激的情景下，所产生出来的知觉经验，就是

“幻觉”。患有幻觉症的人，往往用想象的知觉经验来代替真实的知觉经验。

有人把幻觉和“特异功能”混为一谈，这是不对的。幻觉一般是在没有外界刺激物的情况下，“看见”别人所不能看见的事物（这叫做“幻视”），“听到”别人所不能听到的声音（这叫做“幻听”）；而“特异功能”则是可以看见一般人所不能看见的确有其物的形象，听到一般人所不能听到的确有其物的声音。

因此，幻觉的对象是虚构的；而“特异功能”的对象是实在的、确确实实地有实物存在着。正因为幻觉的对象是虚构的、假想的，所以也可以说幻觉是没有对象的知觉、不存在对象的知觉、虚无缥缈的知觉、莫须有的知觉。

一、幻觉的种类

幻觉的种类很多，有些病理心理学家们说，人们的身体内部与外部的感觉器官有多少，就会有多少种幻觉。这种主张的理论根据就是：因为人体内部与外部的感官接受刺激后，都会传入大脑，于是就会相应地形成各种各样的主观幻觉。现已查明的幻觉，主要有下列几种：

1. 听觉幻觉

幻听在幻觉中所占比例最大。比如说，很多人自认为有人在“咒骂”他、有人在“命令”他等。而且幻听的类别形态也最多，清晰的、模糊的，大声的、小声的，远的、近的，多的、少的，等等。幻听经常和夸大妄想同时出现，因此也就容易造成“妄想狂”。

2. 视觉幻觉

幻视常常是因为生理上的原因所造成的，机能性质的纯属心理上的原因所造成的视觉幻觉比较少见。比如，酗酒成癖的“酒鬼”常常会产生幻视，他在醉酒后讲，一群小虫在他的眼前飞舞着等，这就是因酒精中毒的结果。

3. 味觉幻觉和嗅觉幻觉

味觉幻觉和嗅觉幻觉经常和迫害妄想相联系，他们自认为嗅到了或尝到了有人想谋害他的毒气、毒药等。味觉幻觉有污秽的，也有美妙的；嗅觉幻觉也可能既有花香、水果香；也会有恶臭、焚烧物臭等。总之，自述为所谓好的和坏的两极都可能同时并存。

4. 肤觉幻觉

这种体感幻觉也是形形色色的。比如，有些人“感”到自己的腹部膨胀，或者是在下沉着；“感”到寒冷、灼热、疼痛、皮肤上面有小虫在爬，等等。

二、幻觉和错觉的区别

幻觉和错觉不一样。错觉是对客观事物的不正确的知觉，是在客观事物刺激作用下，产生的一种对刺激的主观歪曲的知觉。比如，“杯弓蛇影”这句成语，说的就是一个人在饮酒时，看见酒杯里有一条蛇，疑神疑鬼地以为自己吞进了蛇，吓得生了一场病。后来，知道是挂在墙上的一张弓（也有的人考证是古代军队中的一种乐器）的影子照射在杯子里，解除了心疑，病也就好了。可以看出，这位饮酒者的惊吓病的病因，就是由“错觉”所引起的。

在日常生活中，有些人往往错误地理解一些事物，比如，她对我那样地一笑，是不是对我产生了好感；他对我的发型连看都不看一眼，肯定是对我变心了，等等。还有我们比较熟悉的古诗词的句子“风声鹤唳、草木皆兵”，“风摇花影动、疑是玉人来”等。当正常人发生这样一些误解的时候，他们会通过观察、辨认实际情况，而后恍然大悟，一笑了之。但是对于病态心理者说来，他们却往往会固执地把错觉作为事实。

产生错觉的原因有2个方面：

（1）客观刺激物本身特点的影响。比如，战争时，把飞机、大炮、坦克以至士兵的衣服、帽子等都用绿色的树叶、草或绿颜色的布加以伪装，目的是和周围大地的绿色“融为一体”，使敌机从高空上发觉不了。

（2）观察者生理上和心理上的影响。来自生理方面的原因，是和感知觉器官的机构和特性有关系；来自心理方面的原因，是和生存条件以及生活经验有关系。

人们的知觉在有些情况下，和事实本身不相符合，可这并不是错觉。比如，你看“哈哈镜”、或者看汽车上的凸面的倒车镜的时候，你会感到你的面孔产生了歪曲变形；你把筷子斜插在有水的杯子里，你会发现筷子变得曲折不直了。这些都是特定条件的影响形成的，而非错觉。至于像唐代伟大诗人李白在《望庐山瀑布》名诗中所咏叹的“日照香炉生紫烟，遥望瀑布挂前川。飞流直下三千尺，疑是银河落九天”等情况，更不是错觉，而是诗人用丰富的想象力所作的夸张和比喻，不应把它们和病态心理混为一谈。

由主观经验所引起的错觉，可以用客观的经验来加以验证、核实。例如，黑夜里看一棵远方的小树，好像是一个人站立在那里；但再仔细辨认时，仍旧是树而不是人。又例如，听到一种呜咽的声音，好像是音乐又好像是一个人在哭泣；但是经过仔细分辨后，才发觉是风声。

心态正常的人一旦知道是误差后，心理上的反应也便会改变过来，而且会理解到“看错了”或者“听错了”，原来是发生了一次错觉。但是，如果一个人固执地认定树是人，把风声听成是音乐或哭泣，“颠倒黑白、混淆是非”，不顾事实真相，也就是说，他不能用其他别的客观经验来核实他的主观错觉，辨认出他的主观错觉，那么，就可以肯定地说，这个人是患了变态的错觉，他（她）在知觉上是心理失常的。

如果一个人总是产生错觉，整天里嘀嘀咕咕、疑神疑鬼，心神不得安宁，那么，万般烦恼、无穷苦闷就会接踵而至了。发生笑话、自寻烦恼、妨碍团结都还算是轻的小事，严重的会发生意料不到的不良后果。

有些青年人容易产生错觉，往往是和他的知识经验不足，以及和他的分析批判能力较差有关系。那么怎么办？为了避免产生错觉，就得多学习、多阅历、锻炼思考力。遇事要三思而后行，勤动脑筋、多去辨认；要实事求是，而不要主观臆断。

三、幻觉和幻想的区别

由于幻想的对象也是常常指向环境以外的不真实的事物，因而不少人把幻想和幻觉混同起来。其实，幻想是一种和生活愿望相结合、并指向于未来的想象，而不是知觉。幻想有 2 种：①在正确世界观的指导下，符合现实生活的发展规律，并且是有可能实现的积极幻想，这种幻想就是“理想”；②完全脱离现实的发展规律，并且毫无实现的可能，这种幻想就是“空想”，空想往往是消极有害的幻想。

有些空想可以起缓冲烦恼的作用。有些心理学家把这种空想看作是一种“安慰剂”，从现实中得不到的心理满足，可以到空想中去寻找，从而得到补偿，也就是俗话讲的“聊以自慰”。常态人的空想是一种“遁世思想”，暂时地逃避严酷的现实环境，而沉溺在虚无渺茫的空想中，借以摆脱心理上的苦闷和烦恼等。

可是心理上正常与失常的人，他们对待空想的态度却是大为不同的。正常的人可以从空想中苏醒恢复过来，最后仍然是面向现实，他们明白空想到头来只不过是一场慰藉而已。这就好比“曲终人散”，你还是现实中的你，而不是空想中的那个你。但是，心理失常的人却分不清真实和想象的界限，常常会把空想中的那个虚我、假我，误认为是现实中的这个实我、真我，于是种种心理疾病或悲剧就因此而产生出来。因此，对心理失常的人来讲，他们的空想往往就是幻觉；而对心理正常的人讲来，空想就是空想！

空想也可以叫做“白日梦”。病理心理学把“白日梦”分作 2 种形态：①逃避现实。有些人由于经受不了强大的心理压力，或者摆脱不了所遭遇到的挫折和困难，就把自己逃遁到自己创造的空想世界的小天地里寻求安慰。这应该说成是弱者的表现。②聊以自慰，也可以叫做聊以解嘲。例如，一位年轻的急于成名成家的业余文学爱好者，写了几篇创作都因质量差、水平低而未被刊出，于是他就经常沉入空想，想象自己获得诺贝尔文学奖，备受他的女友和伙伴们的称赞，沉溺于自我欣赏、自我满足之中。

由此可见，逃避现实和聊以自慰，都是借空想来满足自己在现实世界中所不能达到的愿望。在空幻的想象中，他们的情绪可以得到恣意地放纵和发展，填补了心灵上的空虚感，获得满足感。但是，如若这样地恶性循环下去，那么，它的后果，就势必是越发地不能适应现实环境。

国外有些心理学家认为，白日梦可以使人暂时地脱离激烈争夺的严酷现实，使人的情绪在遭受到挫折失败后，得到暂时的缓冲，不致被挫折和失败击倒而一蹶不振，甚至可以给人“一线曙光”，对未来萌发希望。但这些心理学家们又指出：白日梦丝毫不能帮助你解决实际问题，也不能帮助你适应社会，因为战胜挫折与失败的唯一办法，还是需要面对现实。

白日梦是一种对挫折的退缩式反应。有些人受挫折后，不是勇敢地面对现实，而是用脱离现实的方式去应付，在自己编织的空想网罩里，寻找自我安慰和自我满足。

什么叫做“观念固执”？

在日常生活里，往往会看见一些被叫做“牛一样犟脾气”的人。他们思想偏拗，总是认为自己的想法“完全正确”、“完全合理”。造成这种情况的原因，往往是因为紧张的或者激动的情绪，扰乱了他们正常的思维过程，以致他们不能够常态地进行分析、判断。同时，这些人的注意力比较涣散，不易集中，听不进大多数人的意见。临床观察，这类人大都是因为精神上过于疲倦，或者心底里蕴藏着不少烦恼。

一位老精神病学家说，在他的心理咨询门诊所里，有这样一位经常光临的“患者”：他是一位中年的工程师，由于在社会上遭受了一些被欺骗和被伤害的事情，精神上多少遗留下了受刺激的痕迹，加上其他事业上的不得志等，以至家庭生活中夫妻感情不和、意见分歧等，使得他十分固执己见，并且很容易发怒。他看问题片面，听不进反对他的意见；总是看不惯现状和各种社会现象，永远是个唱反调的“反对派”；讲起话来慷慨激昂，充满了悲天悯人的情绪。

一、产生“观念固执”的原因

由于不合群、反上司，更换工作频繁，自己陷进深深的苦恼深渊。从他的表现上可以看出观念固执的产生原因主要是：

1. 心理压力大，过于疲倦，因而反应迟钝，容易发怒；

2. 没有消除积存的烦恼，怨天尤人，牢骚满腹，妨碍重新振作精神；

3. 生活经历上，曾经遭受过心理上的严重伤害。

你看，这位中年工程师，够得上“观念固执”的典型人物了吧？

二、对“观念固执”的分析

从这位中年工程师的身上，我们可以联想出不少有关的问题来：

1. 观念固执的人，绝大多数都是一些思想狭窄、看问题片面的人

他们如果不注意及时地防治，那么，久而久之就会发展成为“偏执狂”，而偏执狂就是变异思考，思维上失常变态的人。这种人的主要表现是：思想方法变得混乱繁杂、观念片断零乱、变幻不定，从而扰乱了他们的正常思考，不能常态地去推理、判断，往往对自己已有的观念估计过高，把自己已有的有限知识视为“无价至宝”。

2. 观念固执的人，绝大多数都是不愿意多活动、多工作的人

他们终日里懒洋洋地觉得自己很衰弱。前面讲过的那位中年工程师，就是经常打补针、吃补药，特别是不断地吃“神经衰弱丸”、“天王补心丹”、“归脾养心丸”之类治疗神经衰弱的药物，安眠药也不断。他们，包括这位中年工程师在内，烦恼中夹杂有慢性的恐惧，终日里感到惶惶然。比如，听到有人得了癌症，就怀疑、认定自己也得了这种可怕的病症，等等。

3. 观念固执的人，听不见别人的意见，拒绝接受新事物

观念固执的人由于思想方法偏执，观念固执重复，于是在大脑皮层上形成了一个“惰性兴奋中心”，一旦某种思想深深地扎根在头脑里后，那么，其他任何别的东西，他都听不进去了。另外，一些习惯了的东西，会在他们的大脑皮层上形成“模式”，“定型”。使得他们习惯于不用费更多的脑力，养成一种习惯、定论。这样一来，他们就喜欢老框框、老章法，觉得新鞋不如旧鞋舒服，走旧路比起走新路来得省事、省脑筋。

4. 观念固执的人，绝大多数都是顽固的人

他们往往给人以假象，误认为他们很坚毅、很顽强。其实，固执的人，为了达到他的目的所表现出来的“百折不挠”、坚持干到底的精神，和真正的顽强不屈的坚毅精神，根本不相同。

观念固执的人的“悲剧”就在于：他不惜花费一切代价所要达到的目的，往往在客观上是不正确、不合理的，因而，他所表现的一系列行为就显得荒唐可笑。西班牙名作家塞万提斯写的《堂吉诃德》，描写了一位自命不凡的“勇士”，把风车误当做敌人或妖怪，用长矛一枪刺去，被风车卷走。这是文学作品中对观念固执者的有力刻画写照。而最为可悲的是，一个观念固执的人，往往以英雄好汉自居，对他的所作所为，经常不自量力地、自欺欺人地认为是出自好心肠和良好的动机。其实，他的信念只不过是毫无意义的、甚至是有害的

"我行我素"而已。

5. 观念固执的人，绝大多数都是自幼养成了随心所欲的不良习惯的人

绝大多数人的观念固执、思想僵化，是对挫折的一种不正当的反应。当他们反复地遭遇到同样的挫折后，由于不能像正常人那样可以灵活地随机应变，没法顺利地去解决所遇到的困难，于是，就有可能形成一种习惯式的刻板性的反应，在思想方法上僵化不变，在行为活动上表现为执拗地重复。这样的人若进一步对他仔细地了解，就会发现很有可能他从幼小时起就"死心眼"，遇事爱钻牛角尖，转不过弯子来，致使他的神经活动过程很不灵活。心理学家说，对于这样的人，应该因势利导地使他们变成一个性格坚毅的人，最好的办法就是让他找到一个他真正值得为之奋斗的目标。

失眠的原因、种类和对策

世界上，有不少人因为经常失眠而苦恼着。人为什么会失眠？失眠有哪些类型？怎样可以不失眠？科学家们为了探讨这些问题花费了大量的心血。

据西方科学家统计，目前已经知道的能引起失眠的原因不下40种，但归纳起来，最主要的还是心理因素和环境因素，也有一些是由于生理疾患，或服用药物和酒精之类兴奋性饮料所引起的。

一、失眠的原因

生理心理学家们经过多年的临床观察，一致认为在引起人们失眠的原因当中，心理因素名列第一。他们的这个结论根据说来也简单，那就是：只有人类才会有失眠。因为人类的一切行为活动表现，都受心理因素的支配；各种各样的喜、怒、哀、乐、悲、恐、惊的心理因素都能够使人失眠。

明天就要去春游的小学生，下个礼拜就要去参加足球比赛的初中生，下个月就要参加高考的高中生，以至于青年人在工作、学习和生活上的种种成功与失败，都会使他们不同程度地尝到失眠的滋味。可是，你再看一看动物会怎样对待这样一些足以引起兴奋、焦虑、忧愁、喜悦或者悲哀的刺激呢？赛马比赛时，只差一头距离而屈就第二名的赛马，比赛过后，照样会很快地入睡；猫儿不会由于它的主人的不幸逝世而辗转反侧；激烈争夺骨头而没有抢到的狗，也照样酣然大睡……

尽管这些动物都有大脑，也程度不同地分泌血清素，但是它们"缺心眼"，也就是说心理因素几乎对它们不起什么作用，因而它们"品尝"不到失眠的"味道"。

许多人由于缺乏关于睡眠的知识，于是对失眠现象感到惊慌、恐

惧，认为失眠会对健康大为不利，总是嘀咕着："今儿晚上可别失眠！"结果反而越发睡不好。当然，如果是由于生理上的原因造成的失眠，也有必要服用药物。例如，因为疼痛、泻肚、咳嗽引起的失眠，就可以"对症下药"，止痛、止泻、止咳之后，也就可以睡好了。有些因为慢性病，象甲状腺功能亢进、高血压和血液循环机能不良等病症所引起的失眠，就要从根源上治疗，治好了，也就会安稳地睡觉了。有时实在睡不着，不必硬挺，可以适量地吃些安眠药，比如，安定、利眠宁、眠尔通等。

安眠药有的能够立即催眠，有的可以延续睡眠，这些不同功能的安眠药，都可以少量地服用。如果同时适当吃一些镇静药之类的辅助药，效果就会更好些。我主张需要吃安眠药的时候，可以适当地吃些，不必对安眠药感到心理紧张。心理学家证实，安眠药本身的"危害"（不一定有什么危害，姑且叫做"危害"）远比对安眠药畏惧感的危害要小得多。

当然用吃安眠药来治疗失眠症，是治标而不是治本，因而不要轻易吃安眠药。最根本的、最彻底的办法还是心理治疗，因为失眠主要是由心理因素所引起的。有人根据苏联伟大的大脑生理学家巴甫洛夫首创的"条件反射"学说，做过如下的实验：他给一位失眠者服用安眠药时说："这种药药性强烈，用多了会对身体有害，所以不能多给您，因为您总是睡不着，才给您一片。"

结果服用这种强力安眠药的睡眠效果，反而不如下面这样的语言暗示效果："这种安眠药没有副作用，一片就够了。可是因为您总是睡不着，所以给您两片。"然后给他服用的虽然是用奶粉或面粉做的假安眠药，他也会放心地安然入睡。

这个真实的实验例证，再一次地证明了保持心理健康对睡眠的作用。

二、失眠的几种类型

1. 神经质的失眠

这类人，本来睡得很好，睡的时间也够了，但是由于把睡眠对身体健康的意义估价过高、看得过重，因此，总是想多睡，总怕睡不够。于是，有的以怕睡不着为理由，晚上8点钟就躺下了；有的总是吃安眠药；有的用酒来代替安眠药；等等。

这类人，为了睡得好，屋子要暗、怕光，要静、怕吵，甚至不许家里的人讲话。他们愈是这样，就愈睡不好，比家里所有的人都睡得早而又起得最迟，这就是因为他们在睡觉时，心事重重。

另外，这类人当中很多人白天不活动，总是想心事，因而生理上没有睡眠的要求，也就睡不好。

对于这类人需要多从思想上开导。可以给他们举几个例子，告诉他们凡是有所作为的人，都是争分夺秒、珍惜时间的人。睡够了就可以了，多睡反而无益。

2. 郁闷质的失眠

这种类型的失眠和神经质的失眠，在性质上不同，它们正好相反。神经质的失眠可以说是一种虚假的失眠，是心理上的失眠；而郁闷质的失眠则可说是真正的失眠，生理上的失眠。

得了抑郁病的人，心情就会焦躁不安，兴趣淡薄，疲劳感加重，食欲不振，缺乏主动性，于是失眠就会“乘虚而入”。如果说神经质失眠的特征是难以入睡的话，那么，郁闷质失眠的特征则是比较容易入睡，但却睡不长，睡上两三个小时后，脑子依然处在半兴奋的状态，一觉醒来，辗转难于再眠。对于这种失眠现在已经有很多对症的特效药，比起神经质的失眠来更容易治疗。

3. 特殊性质的失眠

这类失眠症患者，本人并不那么自觉是在失眠，也不以失眠为苦恼。他们当中有的人会半夜起来干这干那地忙个不停；有的人睡前磨磨蹭蹭睡得很晚，但却又起得很早。这类人在别人看来是失眠症患者，但本人并没有什么心理压力。问题在于，他们的体力和精力达不到正常人的“足够”的标准，因而日子长了，很多失眠的恶果就会逐渐地显示出来。因此，这类人实际上是心理失常者。

三、防止失眠，保持“足够”的睡眠

最通常的促进睡眠的说法是：养成有规律的起居作息习惯，定时就寝，定时起床；每天清晨或下午坚持符合自己体力的适当锻炼；不吸烟、不酗酒，睡前不要饮用兴奋刺激性的饮料；卧室保持气氛幽静和空气清新；保持舒畅的心情，排除种种烦恼的内心干扰；睡前不要用脑过度或过多思虑；晚餐不要吃得过饱，不要吃过于油腻的食物；睡前散散步，松松心，用温水洗脚，有条件的最好洗一个温水澡，使全身肌肉得以松弛；如果需要服安眠药时，要遵医嘱，切忌过量，连续服用安眠药切勿超过3周；等等。

上面讲的这些办法，其中最重要的是在睡眠前要保持平静的心情，其他办法可以说都是一些辅助手段。比如说，一个人尽管生活有规律、坚持体力锻炼，没有什么吸烟、喝酒的恶习，居住条件理想，睡前洗脸洗脚等，但是因为心事重重、焦虑苦恼，那他还是会躺在床上翻来覆去地“辗转难眠”的。

有些青年人失眠时，往往在临睡前喝酒，认为这是一种催眠的好方法，其实是错的。2008年，美国的一些医生通过实验发现：睡前饮酒的人，每个人在睡眠中呼吸暂停（每次至少10秒）的次数共计110次，而不饮酒的人只有20次。饮酒的人当中绝大部分还至少出现一次肺部运气不规则的现象。饮酒的人在每个夜晚，会在体内出现380次和呼吸有关的不正常现象，可是假若他不喝酒，那么夜晚只出现207次不正常现象。喝了酒以后最普遍的不正常现象，就是血液中的氧急剧减少，这就和死亡率发生了联系。科学家已经证实，男性过胖、嗜酒、常服安眠药等，都会导致体内潜伏着使人们寿命缩短的不利因素，这些都和睡眠时的呼吸暂停有关系。因此，如果谁有在睡觉前饮酒的习惯，还是快些改掉为好。

很多人积累总结了他们自己的医治失眠的经验办法，有些也是可以参考的。比如，湖南省妇幼保健院一位医生，2008年4月份投稿给《北京晚报》，谈她个人医治长期失眠的经验是：睡前吃维生素B_1，开始吃7、8片，然后减为6片，最后每晚只需吃3片，就可以很快入睡，解除了她过去吃安眠药也睡不着的苦恼。

她把这种疗法告诉了不少失眠者，都收到同样效果。据了解，维生素B_1的作用是维持神经、心脏和消化系统的正常功能，促进糖代谢；它的用途是治疗脚气病、神经炎、食欲不振、带状疱疹等。服用维生素B_1，为什么能治疗失眠症，这还需要进一步查明，不过，无疑的是它能对大脑的高级神经系统起到抑制的作用。失眠的朋友无妨一试。

最后，再介绍一种“断眠”的睡眠方法。即在工作繁忙劳累，情绪比较紧张的时候，抽空打个盹“小睡片刻”。它会使你解除疲劳，精神焕发，提高工作效率。甚至有些人在小睡一会儿后，就可以长时间地清醒工作。为什么会有这样的收效？因为打盹有如充电，可以弥补睡眠的不足。找个角落、倚斜瞌睡一会儿后，会使人感觉舒服一些，精神上得到缓冲，也可以消除因工作而带来的焦虑，放松心理的紧张。另外，养成了打盹的习惯以后，可以增进对睡眠的控制能力，想睡的时候就能立即入睡。

不过，并不是人人都可以断眠、小睡片刻的。这是因为：首先得解决思想认识问题，不要对打盹有厌恶感，觉得打盹不雅观、不文明等；其次是要排除心理上的种种干扰，训练成一种什么时候小睡都可以、小睡多久也都可以的硬功夫。

美国佛罗里达大学的心理学博士韦柏说：“打盹不仅仅是婴儿离开襁褓期前最后放弃的一种行为，同时也是成年人最先‘返老还童’的一种行为。打盹实际上是人类向大自然的归顺。”他的意思就是说，打盹是顺乎自然的事情。不必对打盹感到羞耻，也不必对打盹感到厌恶。韦柏同时讲到，打盹这种自然的倾向延续到成年后，由于往往会遭受来自社会舆论的压力等，而使打盹自行压抑。

这里当然不是劝大家不分时间、

场合和其他条件地都去小睡。比如说，在重要的、严肃的会议上，你就不能小睡，因为往往在你小睡的时候，你没有听到事关重大的讲话或议论。在你和女友会面时也不能打盹。20世纪50年代一位年轻的大学教师，当他在公园里初次和女友见面时，就因为头天晚上备课过迟而疲乏得困盹了片刻，以致终身大事几乎“告吹”。

人为什么要睡眠?

你知道现代科学对睡眠现象是怎样解释的吗?相信当你掌握了有关睡眠的科学知识以后，定会帮助你打破对睡眠的神秘感和惧怕感。

一、睡眠的两种模式

睡眠，实际上有身体的和大脑的两种不同模式。过去，在医学上研究睡眠，采用电气生理学（脑电波和脑电图）的方法，现在，在生理心理学上，不仅使用这一古老的方法，而且结合采用眼球转动的方法。这种方法就是观察人在睡眠状态时的眼球转动、呼吸和心跳节奏的改变、面部表情的变化、身体活动以及其他生理机能的变化，然后和睡眠时候的脑电波与脑电图加以对比。

研究结果发现人类睡眠有两种模式（形态）：一个是“快速眼动”（REM）的睡眠，另一个是“非快速眼动”（NON－REM）的睡眠。前者是身体的睡眠，后者是大脑的睡眠。这种新的观点大约是在1953年前后由美国学者首先提出来的。于是现代生理心理学在评价正常的睡眠过程时，就不仅仅个别地观察脑波、脑电图和眼球的转动的情况，而且更进一步地采用睡眠的“多种波动描记器”了。

1. 快速眼动睡眠

使用这种复合式的描记器的研究结果，发现“快速眼动”式的睡眠，乍看起来虽然真的像是在睡眠了，可是眼球却在频繁地转动着。这种睡眠脑波接近于最浅状态的睡眠，几乎就是接近于觉醒状态的脑电波。这种睡眠状态，大部分都会做各式各样的梦，经常是有梦的浅眠。婴儿的睡眠的这种“快速眼动”时间最长。

为什么说这种睡眠是“身体的睡眠”呢?因为这种睡眠，虽说身体保持着睡眠的姿势，消除了筋肉的紧张，可是大脑还在活动着，它只能起到消除筋肉疲劳的作用。有人做过这样一个试验：把这种睡眠的人弄醒，想要让他不采用这种模式睡觉，结果第二天反而适得其反，反倒又增强了这种睡眠的程度；而且他们的头脑尽管相当清醒，可是却表现得情绪焦躁、全身懒散无力、睡眠不足的一些感觉。因此，可以说这类睡眠对于身体来说十分必要，是消除身体疲倦的“身体的睡眠”。但是，这类睡眠必须和“非快速眼动”型的睡眠相互结合起来，才形成真正理想的睡眠。

2. 非快速眼动睡眠

“非快速眼动”的睡眠，脑电波呈现出十分缓慢的波形，是一种深沉的睡眠，是理想式的睡眠。人们一般睡眠有个大体不变的“公式”，即睡眠后不久进入深沉睡眠的状态，然后慢慢地转变成浅显的“快速眼动”的睡眠。这样来回交替，差不多每隔90分钟相互交换一次，每个晚上平均转换4、5次。如果遇到了阻碍，那么需要睡着的时间将会延长，上面讲的这种有规律的节奏，也就会被打乱、破坏。这就是说，每个人在入睡前那段觉醒时间的心理状态，和他这一个晚上的“非快速眼动”的睡眠有着紧密的关联。即你睡得香不香、熟不熟，要看你入睡前的心情是不是平静、安定。

有人用上面讲述的先进仪器“多种波动描记器”做实验研究，结果发现，在实验仪器上所呈现出来的实际睡眠状况，往往和受试者本人主观上自认为的睡眠有很大的差距。很多心理疾病患者诉说他们总是睡不好，可是实际情况和他们讲的相反，反倒是意外地睡得很好。比如在医院病房里，有位患者对夜班护士诉苦说：“昨天夜里我几乎整夜没睡着。”护士却反驳他说：“您睡得很好。夜里住进了一位急诊患者，乱了一阵子，您不知道吧？后半夜刮大风，窗户被吹开了，接着一场大雨，您也不知道吧？您觉得一夜几乎没有睡着，是因为您总是想着您夜里一阵阵偶尔醒来那会儿的时间，所以您觉得一直是在醒着。”

从这位心理疾病患者（大部是神经衰弱或失眠患者）和护士的对话里，我们可以看出，很多自认为睡不着或睡不好的人，实际上并不是真的睡不着或睡不好，而往往是因为他们在心理上对于睡眠产生了过分的紧张、不安和过敏。所以说，很多失眠、不眠是心理因素所造成的。

二、睡眠之谜

引起睡眠的物质是什么？1918年，法国著名心理学家亨利·皮尔隆做了这样一个实验：他把疲劳的狗的脑脊髓液注射到健康的狗脑里以后，这条健康的狗就睡起来。皮尔隆于是认为疲劳后，在大脑中有某种可以诱发睡眠的化学物质。1964年，法国里昂大学教授朱佩做了如下的实验：他先让猫吃降血压药，猫就没有睡意，然后再给它注射血清素，这只猫就又想睡了。于是朱佩教授认为，血清素是一种和肠胃运动有关联的一种神经传导物质，它在大脑里可以微量生产，起维护睡眠的作用。

日本的医学生理学教授松木法治博士根据他的实验认为：“在睡眠状态的时候，脑里的血清素既分泌，也在消耗着。由于脑中储存的血清量原本就很少，所以夜里容易醒来的人，血清量的供应就感到不足了。”这些实验尽管都还是处在探索的阶段，但是已经开始在慢慢地解开睡眠这个“谜”。

现在首先可以肯定一点的是：睡眠和大脑有密切的关系，睡眠确实有物质基础。因此，睡眠并不神秘，失眠和不眠也并不可怕。在不远的将来，我们就可以有办法控制睡眠和征服睡眠。同时，也坚定了人们这样一个基本观点：睡眠和心理健康关系至深，你若想赢得一夜甜睡，就必须保持健康的心理。

人为什么会做噩梦？

有很多青年朋友向医生诉说他们被各色各样噩梦所困扰的苦恼心情。有的说，他经常做阴森可怕的梦，被一声怪叫惊醒，醒来后全身冷汗；有的说，他经常做极其痛苦的梦，醒来后泪痕满面；有的说，他经常做惊险阻挠的梦，醒来后心头还像小鹿似地在“突突”地急剧跳动着；有的说……醒来后梦境仍久久绕结脑中不散。

这些人几乎个个都能绘声绘色地描述噩梦的情景：或者梦见自己的身体飘浮空中，上下不得，十分着急；或者梦见被恶人或“鬼怪”追逐，紧张万分；或者梦见突然跌倒，惊吓醒来；或者梦见跌进深渊，惊恐万状；等等。他们几乎异口同声地都问：“噩梦是不是祸害灾难将来临的征兆？”

一、梦的概念

从心理健康的角度怎样理解噩梦这个生理现象？为什么会做噩梦？做噩梦说明了什么问题？……在谈论这些青年人感兴趣的问题之前，让我们先从一般的梦讲起。

梦是人在睡眠过程中的一种正常的生理现象，做梦是人脑的正常活动，是人脑处于睡眠状态下，一定时间一定部位的兴奋活动。我们每个人，不分男女老少，身体健康的或不健康的，都会做梦，都要做梦。只是梦的数量因人而异，有多、有少；梦的内容因为人们的年龄不同、知识经验的丰富程度不同，身体健康状况不同，因而也会有千差万别。有的人醒后对梦的记忆犹新，而有的人则模糊不清或觉察不出。有些人“断言”自己从未做过梦，这是不确切的，只不过是他忘记了曾经做过梦罢了。

现代生理心理学家认为，一定数量的梦是必不可少的，因为它可以使人的高级神经活动得到松弛，从而可以在精神上起到缓冲、调剂和镇静的作用。科学家经过实验证实，如果人为地缩短做梦的时间，就会使人产生急躁和焦虑的情绪。一些生理心理学家论断，正常的做梦有利于人的智力的恢复，因为一定程度的神经兴奋，有助手神经联系的建立和巩固。

做梦被认为是人脑的一种正常工作程序，对白天所接受的信息进行去芜存菁的筛洗，有助于问题的解决。

例如，俄国文学家托尔斯泰在睡眠状态时完成一首诗的构思，德国化学家凯库勒在梦中发现了苯分子的环状结构。

二、做梦的乐趣

很多人把正常的做梦看作是一种“乐趣”、“享受”、“幸运”，他们不是视做梦为“苦差”，而以做梦为“乐事”。解放前，我看过巴金翻译的高尔基著的《草原故事》。巴金在“小引”里写道：“据说俄罗斯人是善于做梦的。他们真是幸运儿！”南宋诗人陆游曾写过一首诗：“苦爱幽窗午梦长，此中与世暂相忘。华山处士如容见，不觅仙方觅睡方。”这就是赞美梦可以暂时地摆脱尘世的烦扰；“不觅仙方觅睡方”的“睡方”，也是想要睡中求梦。

根据国外20世纪80年代的一份科学资料，英格兰赫尔大学有一位名字叫赫尔尼的博士，他发明了一种所谓的“忆唤机”。他让那些希望能够记住自己梦境的人，在睡觉前戴上特制的鼻夹，当这种鼻夹测量到每分钟18次左右的呼吸时（和“快速眼动”一样的次数），就表示人在做梦。

“忆唤机”便向做梦的人手腕处放出150伏的弱电流电击，这样，就会和其他外部刺激一样，可以使做梦的人意识到梦，并且能够记住正在做的梦。这种“忆唤机”在西方被誉为作家、艺术家和音乐家利用他们梦中的“灵感”和创造性思维的“福音”。

不知道青年朋友看了这一段“最新科学研究成果”的报导后，有什么感想？现在科学一天天在突飞猛进，很多过去认为“离奇”的幻想，都会慢慢地实现。同时也替古人陆放翁感到惋惜，他们“生不逢时”，生得太早，不能享受“忆唤机”这种美梦感应装置，否则他们一定会写出更多更美的诗句来！

做梦的内容和原因并非神秘不可测，是可以分析说明的。根据巴甫洛夫所倡导的高级神经活动学说认为，做梦是睡眠的异象阶段的产物。在反常的（异相的、特异的）睡眠状态时，由于输向大脑皮层的血流量加大，氧消耗量增强，因而使得脑神经细胞仍然进行十分活跃的代谢活动，抑制状态不深，还在处于所谓的“工作”（兴奋）状态。因而在接受来自身体内外的各种刺激的情况下，相应的记忆痕迹便“复活”起来，于是便会产生各式各样的梦境。

比如，睡眠时如果闻到香水或花香，可能会梦见自己置身在百花争艳、芳香扑鼻的花园里；冷冰放在额头上，会梦见严寒的冬天，听到“滴答”不停的自来水流声，会梦见淅沥不已的下雨；脸上被敷蒙毛巾等物件时，会做被窒息、停止呼吸的梦；以至于有人时常梦见狗咬腿，醒来时腿部仍然隐隐作痛，后经医生诊查，发现腿部患有疾病；等等。

从上面这些描述可以得出：正是由于来自人们身体内部的生理变化或外界刺激产生的神经冲动，会传到大脑皮层相应的神经中枢部位，从而引起神经细胞的兴奋活动，于是就会形成各式各样的梦。所以说，梦仍然是客观现实的反映，尽管梦境有时是很奇特的，但是构成梦境的一切“素材”，都是自己经历过的事物。

谈到这里，顺便讲一下精神分析创始人弗洛伊德对梦因的解释。他曾经写过一本最早解释梦的专著《梦的解释》。他认为，梦是被压抑的性欲的实现。这种说法是片面的，因为很多梦的内容是和性欲全然无关的。人的生活里充满了喜、怒、哀、乐、悲、恐、惊等“七情六欲”，它们并不是完全受生物学的本能性欲所支配的。

从巴甫洛夫对于梦的成因的解释里，人们就可以打破认为梦是神秘的观念。虽然巴甫洛夫对梦的解释有些古老，但是这种解释比较简单明了，也容易被理解和接受，所以现在都还根据这种理论来释梦。

现代科学采用“多种波动描记器”来研究睡眠现象时，发现“快速眼动睡眠”，也就是所谓“异相睡眠”，大部分都会做各式各样的梦。科学家经过实验证明：“异相睡眠”大约 80% 都伴有梦；一般地讲，这种异相睡眠约占睡眠时间的 20%；每个晚上，大约 1.5 ~ 2 个小时是异相睡眠。这和巴甫洛夫认为做梦是睡眠的异象阶段的产物的理论依据是一回事，只不过现在的解释更加科学、具体、详细罢了。

三、对噩梦的解释

当人们了解了有关做梦的一般知识之后，再来进一步谈做噩梦的问题，就容易理解了。

1. 经常做噩梦是心理不够健康的一种表现

做噩梦不仅会影响正常的睡眠，不能很好地恢复体力；而且噩梦醒后，轻则头脑昏沉沉，精神恍惚，全身疲惫无力，有损于身体健康，重则记忆力急剧减退，情绪沮丧，性情暴躁，不思饮食，身体会显著地衰弱下去，以至产生不适应的行为等。因此，应该尽量防止经常做噩梦。

2. 不必为做噩梦而惊慌失措

做噩梦绝不是什么大祸临头或灾难、不幸的预兆。俗话说得好：“日有所思，夜必多梦。”做噩梦，通常是由于白天多焦虑、恐惧、悲恸、抑郁、忧愁、苦闷、烦恼等因素所形成的。当然，也有些噩梦反映了生理上的病变。有位青年人经常梦见和别人武斗，被对方用刀刺中心脏惊醒过来，后来发展到不做梦也感到胸部疼痛，去医院检查后，发现得了心肌症。这是因为白天来自身体外界的刺激多，各种声音、光线、气味等通过眼、耳、鼻、舌等刺激大脑，身体内部的疼痛等刺激就被抵消了；到了夜晚睡眠的时候，来自身体内部的生理刺激传导到大脑，就会做梦或者做噩梦。

因此，做噩梦是有“来头”的，例如，睡眠时把手压在胸部，就可能会做噩梦。噩梦的内容和原因也都是可以分析、解释的。正像“种瓜得瓜，种豆得豆”那样，刺激与反应之间是有因果联系的。一定的刺激会引起一定的反应，做什么样的噩梦，都必然有什么样的原因。“噩梦应验”的说法，只能说预告你心理不健康，心理有疾病，因而就有较大的可能发生事故，并不是什么“先验”、“显灵”、“梦兆”使之然。

梦的内容和数量的不同，可以在一定程度上反映出一个人的心理健康的水平。中国古书《周礼·春官·占梦》里讲梦有6类：“一曰正梦，二曰噩梦，三曰思梦，四曰寤梦，五曰喜梦，六曰惧梦。”当然，梦的内容不仅限于这6类，但这段叙述却也多少可以表明梦的种类既广泛又多样。上列的6类梦其实是3对梦，即一与二、三与四、五与六是相互对立的3对。“噩梦”和“惧梦”都好理解，显然是属于噩梦。“寤梦”的“寤”字，如照古汉语的一般解释，是“睡醒”、“醒过来”、“醒悟”的意思。你想“醒梦”，那不就是快速眼动的异象睡眠吗？这种似睡非睡，似醒非醒的睡眠，几乎都会做噩梦。所以说，做噩梦是古已有之的生理现象。

因此，如果你经常被噩梦所困扰，那你既不必惊慌失措，但也不要等闲视之。首先要从外界和身体内部去查找原因，然后“对症下药”，从由于接受这些内外刺激，而产生反应的心理内部去解决问题，排除形形色色的各种内心干扰，使自己的心理健康起来。

三、青少年多梦

青少年时期正处于生理发育旺盛，身心全面迅速发展时期。青年人热血沸腾，容易激动，对事物分外敏感，好思考探索；由于思想还不够成熟，人格正在完善化，因而烦恼多、苦闷多。因此，就往往会由于对一般的刺激经过主观上自我过滤后的不同感受，从而形成异相的睡眠，做噩梦。

偶尔地做些噩梦，其实也没有什么了不起。不管是什么梦，说到底，到头来还只是一场梦而已。因此，青年朋友们不必过分计较做什么梦——快乐的梦、忧愁的梦，善梦、噩梦，反正都只是梦。从这个意义上讲，梦的内容应该是不分好坏、善恶的。

做噩梦也好，如果你觉得它有趣，感到像是一部动人的惊险电视片、悲剧电视片……情景曲折、故事离奇、动人心魄、感人至深，那你就不会感到是思想负担，那你就不会怕做噩梦。日本著名精神医学家、也是研究心理健康学的有世界影响的权威人士森田正马博士，曾经说过一句耐人寻味的话："做梦是愉快的，要以做梦为乐事！"

有人说，梦见有彩色的梦会得精神病，这是毫无根据的。生理心理学家曾经做过调查：属于视觉的梦最多，其余逐次是听觉、运动觉、触觉，最少的是味觉。有些梦是重叠的，比如，视觉与听觉并存的梦。视觉梦中也有彩色的梦，例如梦见红花、蓝天等，约占视觉梦中的1/10。

根据一些生理心理学家对梦的临床实验研究，发现人们在郁闷的时候多噩梦；相反地，心情好时，就会做愉快的梦。但是，因为人们在日常生活中，往往不太去想那些愉快、高兴的事情，而是更多地去想苦痛、悲愁的事情，所以就经常会做噩梦，对噩梦也分外敏感，记得牢，会久久不忘，铭刻在心里。因此，所谓"经常做噩梦"，也不是绝对的，很有可能是因为噩梦印象强烈，容易记住罢了。特别是那些神经质的人，更容易记住做噩梦。

为什么有的人暴躁易怒？

"睁圆怪眼，倒竖虎须；性如烈火，咆哮如雷；怒从心上起，恶向胆边生，手持双斧，不问青红皂白，劈头便砍，……"这段文字是《水浒传》对绰号"黑旋风"李逵这位梁山好汉的性格特征的生动描述。李逵由于暴躁易怒，在我国心理学上几乎成为"胆汁质"气质（脾气、性情）类型的典型。

我国古代医书《内经·生气通天论》中说："阴不胜其阳，脉留薄疾，并乃狂"。这就是说，大脑的兴奋作用若是超过抑制过程，或者兴奋过程占据强大优势时，人便会狂躁。一个人如若总是暴躁易怒，那么他的大脑的兴奋过程便会占据主导地位，久而久之，就会罹致狂躁病。

根据美国1984年的一份医学小资料：美国有一位医生经过25年的研究发现，脾气暴躁的人比一般人患心脏病的比率要高出5倍，死亡率也比一般人要高得多。他对美国芝加哥地区1900宗病例的分析，发现多数心脏病患者，在他们发病前脾气暴躁，发病后又难以控制自己的暴躁情绪。这位医生的结论是："心脏病患者，不能只靠药物治疗，更重要的是心理治疗！"

上述例证说明，暴躁易怒对心理健康极为不利，对身体健康的危害性也很大。因而有必要探讨一下：从心理健康学上看，为什么有些人容易暴躁易怒？应该怎样从心理健康上防止暴躁易怒？

一、暴躁易怒的心理原因

根据临床观察，暴躁易怒的心理原因大体上有以下几个主要因素：

（1）由于受到某种恐吓而激怒。即为了心理自卫，往往用暴怒的形式向这种恐吓进行反击。例如，当父母迫使子女服从自己的意志，否则就以断绝父子或母子关系相威胁时，子女往往以盛怒相对抗。

(2) 由于某种有目的的意向活动受到阻抑，为了排除这种心理障碍，从而激怒起来。

比如，早已安排好去旅游，但却被家长坚决阻拦反对，孩子于是就会大发雷霆。

(3) 由于外界的某种刺激干扰，妨碍正常的思考活动，使得心情非常烦躁。

比如，正在紧张地准备应考，邻居大声放录音机，使得他心慌意乱，紧张性增高。这种情况每每在集中精神工作、学习或休息时，更容易引起“火冒三丈”般的愤怒。

当然，也并不是所有的人都会因为上面这3种原因而轻易地暴躁发怒。这3个因素都不是因果关系性质的必然规律。这当中，还有一个思想意识修养的问题。

读者也许会问：“暴躁”和“烦躁”是否有区别？实际上二者并不是一回事，但是它们也有一定的联系。区别在于：它们在强弱的程度上有差别，暴躁的力量强，烦躁的力量弱；联系在于：从弱到强地日积月累后，会引起量变到质变的演变发展，即烦躁有可能发展成为暴躁。因此说，容易烦躁的人也不可掉以轻心，误认为自己只是好烦躁而已，和暴躁并不沾边。

然而，为什么在同样的情境下，有的人可以克制自己不发脾气，而有的人却“点火就着”呢？为什么有些人练就了“闹中求静”的本领，而另一些人容不得周围环境中的窃窃私语呢？这和一个人的文化教养以及思想意识的锻炼、熏陶有密切关系。幼年时起被家人娇惯的人，易于形成暴躁易怒的性格，这就表明了脾气、性情和一个人的社会文化背景、家庭教养态度与教育方式等密切相关。

人类有“习而安之”的适应能力，生理心理学把它叫做“可塑性”。这种可塑性因人而异，每个人在可塑的程度大小上不尽相同。这主要是由于家庭、学校、职业、社会环境的熏陶和训练不同所造成的。因而，暴躁易怒这种气质特点，并不完全是与生俱来、由先天所决定的。而且，每个人的气质，在后天生活环境条件下，又是可以改变发展的。

实际上，气质的变化主要被决定于人们的生活方式、所接受的教育方式和教养态度以及行为活动的内容与性质。例如，一个看来“生性”软弱、优柔寡断、逆来顺受的人，经历了转战南北、驰骋疆场之后，会成为一个威武刚毅、当机立断、敢于反抗、叱咤风云的军事指挥家。同样的，一个精力充沛、热情洋溢、“生性”耿直、行动敏捷的人，也往往会由于经受不住曲折坎坷的不幸打击，从而变得抑郁寡欢、萎靡不振、含蓄隐讳、行动迟钝。甚至这种内心的激烈变化，会影响一个人外表面貌和风度等的改变。

因此，容易暴躁发怒的青年朋友们，要加强思想意识方面的修养锻炼，加强自制力，遇事沉着、从容不迫、耐心谨慎；对暴躁易怒的危害性要有足够的估计，要认真对待、慎重处理。因为对暴躁易怒的脾气、性情如果不加克制，尤其是在遭遇到不幸的打击、挫折，从而造成心理创伤的时候，往往会发展成为一种“暴躁性”人格障碍的精神疾病。有这种人格障碍精神疾病倾向的人，多半表现为情绪很不稳定，易于任意地爆发愤怒、仇恨或暴行；在言词用语上、或者外部行动上，往往表现出攻击性的行为，并难以自我控制。

二、防止易怒的方法

从心理健康学的角度来看，防止和克服暴躁易怒的方法，可以分为消极性质的和积极性质的2大类方法：

（1）对于容易引起你暴躁易怒的刺激，你可以采取“躲避”、“转移”或“释放”的方法。这些方法，可以说是传统的、行之有效的方法。比如，孔子在《论语》中讲到的“非礼勿视、非礼勿听”，就是一种躲避刺激的方法，它可以制止你的暴躁发怒情绪。“三十六计，逃为上策”，说的也是躲避是一种有效的“策略”。

我们在对人处世时，应该讲究些策略学。你也可以在暴躁愤怒将要发作时，避开当前的刺激，去做些其他工作。比如听听音乐，看看电视，或者提笔绘画写字等，从而把注意力从暴躁易怒的刺激中转移开。“情绪心理学”中讲的“移情说”，就是强调这一方法。风靡一时的影片《少林寺》中的方丈，被不法歹徒欺辱时，闭上双目，重复念道：“阿弥陀佛！罪过！罪过！”用的就是情绪转移法来克制暴躁易怒的情绪。

释放法是多少带有些积极色彩的方法。它不是一味地在观念上避开或转移暴躁易怒的刺激，而是用行动给暴躁易怒找一条出路的排泄法，从而不让这种消极情绪积压在心里，造成心理疾患。

以上3种方法——躲避、转移、释放，都属于消极性质的防止和克服暴躁易怒的方法。但是，“躲避→转移→释放”这个模式，是逐步升级的层次。消极的性质越来越淡薄些，逐渐地具有积极的意义。同时，这3种方法的功效，也越来越大些。这说明，越是消极的方法，越是不能更好地防止、克服暴躁易怒情绪。因此，如果用“躲避”的方法，解决不了问题，那你就可以试用“转移”的方法；如若转移法无效，就请采取“释放”之法。

（2）对于容易引起你暴躁易怒的刺激，你可以采取“控制”或“升华”的方法。这2种方法比起上面3种方法来，富有积极的意义。

所谓“控制法”，就是加强思想意识上的修养，用高尚的道德情操和坚强的意志，从理智上来防止、克服暴躁易怒情绪。日常生活里，有些人遇到可能引起暴躁易怒的刺激时，常常自我暗示地在心中默念：“息怒！息怒！”从而压住心头怒火的发作，用的就是这种理智控制法。

所谓“升华法”，是把暴躁易怒转移到从事科学、文化、艺术和体育等一些创造性活动上。1921年诺贝尔化学奖获得者维克多·格林尼亚，青年时代曾被人讥讽为不求上进的“二流子”。他把受到嘲弄、羞辱的怒火，用于刻苦学习和潜心科研，最终有所成就，造福人群。我国有的体育运动员在国际比赛中，遇到有的观众捣乱，或裁判员不公正时，也是把不平的怒火转为“为国争光”的拼搏上，从而获得优异成绩。

青年朋友，当你暴躁易怒时，这5种方法，你都无妨一试。根据暴躁易怒刺激的性质、内容和力量程度等的不同，你可以选择其中的一种或几种方法。但是，最好采用最后一种“升华”的制怒法，因为这种方法最富有积极的、进取的意义！

为什么有的人感情脆弱？

为什么有的人感情比较脆弱？从生理机制上看，主要是因为大脑皮层的高级神经系统活动比较不稳定，因而意志比较薄弱、自制力差。幼儿的感情比较脆弱的原因就是这样。有些青年感情脆弱，是由于情感受到障碍，因而表现得容易激动，稍不顺心就会泪流满面，委屈得不得了。他们看到影剧中略微动人一些的情节，便不能克制自己的情绪表现，或者悲哀得伤心哭泣，或者高兴得纵声大笑。

在感情脆弱的青年人当中，也有很多人会表现得抑郁不安，这是由于情感障碍、阻抑所引起的。他们常常由于一些琐碎的毫不值得计较的小事，甚至是无缘无故而焦虑、郁闷或怨恨个没完。他们的情感反应和正常人的情感反应不同，往往显得过分强烈，不仅喜怒无常，而且喜怒强烈地失常。有些人还记性不好，对不久前所接触的人名、地名、日期和数字等容易遗忘。少数严重者甚至会在某些范围内表现智力下降，这种在某些方面的智力减退，自己往往会意识到，并为之烦恼。有这样一些表现的人，就该快些去医院查一查，脑动脉是不是开始有些硬化病变。从精神医学上看，成年人的感情脆弱，很多是由于脑动脉硬化所致，这在医学上叫做“局限性痴呆症”。

人的大脑皮层是人体的最精密的反应性最灵敏的部分。实验心理学证明，内脏的任何病变都可能或轻或重、或暂或久地影响大脑的机能，从而在人的行为上会表现出心绪不宁、精神沮丧、感情脆弱等现象。苏联生理学家普朔尼克说："削弱了的皮层，失去了把机体的机能往生物学的或社会学的适宜性方面去调节的能力。"这就是说，人的内脏器官的一切活动，以及由此而引起的种种行为表现，都是在大脑皮层机能的直接影响下进行的。因此，感情脆弱和大脑皮层的机能有关系。

感情脆弱怎么办？用什么办法去"医治"感情脆弱？有些人说，感情脆弱的人应当尽量避免接触强烈的环境刺激。这种主张是消极的，因为周围环境的各种刺激，往往是容不得你来随心所欲地筛选淘汰的。客观刺激物不是"自选商场"里的商品，任你自选；对于情感脆弱的人来讲，不能"特殊照顾"式地只给你弱刺激而不给你强刺激。因而最好的办法是，锻炼自己善于对情绪自我疏异、排泄的能力，学会转移情绪、改变刺激的意义、变消极情绪为积极情绪、保持情绪稳定状态的本领。

什么是心理"补偿作用"?

有不少青年人因为生理上的缺陷而苦闷烦恼，有的竟然因此而造成心理上种种不健康现象。但也有些青年人，像奥斯特洛夫斯基（《钢铁是怎样炼成的》的作者）和张海迪那样，奋发有为，有所成就。这种差异正好表明，生理缺陷并不足以使一个人就此倒下，"命中注定"要成为"弱者"、"败北者"。他们和正常人一样，甚至能够超越一些正常人，在某些行业、工种方面立足于社会，并对社会有所贡献。

也许有人会问：这些虽然生理上有缺陷，但却在事业上有所建树的青年人，在心理上有什么成功的"窍门"吗？如果说他们真的有什么成功的"窍门"的话，那就是：他们自觉或不自觉地运用了心理学上的"补偿作用"这一原理。

朋友，你看过25岁的病残青年黄波写的《让生命变得更有价值》这篇文章吗？这是一篇有血有肉、真实感人的自传体裁的报告文学。文章讲了作者是怎样从痛苦、绝望、气馁、迷茫中振作起来，决心发奋走自学成才的道路，用惊人的毅力"四肢爬进"古文字研究领域，在他21岁时出版了《殷周钢器铭文汇集》，在古文字学方面做出了优异的成绩，得到了社会的一致公认和赞赏。

这里，摘写几段："小儿麻痹缠住了我这个幼小的身躯，预示着今后的我将在痛苦和磨难中度过，然后在别人的同情和怜悯中默默无闻地离开人世。"

"1976年7月我从高中毕业后，发现社会上并不需要我。是呀，好手好脚的有些还在待业，何况我呢？我痛苦、迷茫、孤独、忧愤，我感到这个世界上也许就根本没有我的欢乐，感到自己确实是废而无用的人了。一个人活在世上不能为社会做点什么，全靠家人和社会的恩赐苟活，还有什么意义呢？在这极度痛苦之中，我也想了许多……”

“总之，我终于认识到，我应当向人们证实人生价值的大小并不能靠身残与否来决断，我要用自己的努力向人们证明，前途是光明的。我将从自己本身的工作岗位和自己的业余爱好出发，向着希望的目标坚定地走下去。”

黄波这篇文章，把他自己因生理上的缺陷而形成心理上的失常，以及他怎样运用心理上补偿作用这种心理疗法，从而在心理上和生理上转败为胜的过程，写得十分深刻、真实和令人感动受教益。

那么，什么是心理上的“补偿作用”呢？

补偿作用是心理适应的一种机制（机能）。每一个人总得适应社会，总得寻找心理上的出路。从心理学上看，补偿是一种“移位”（变位），为了克服自己身体上的缺陷或心理上的“劣等感（自卑感）”，而发展自己其他方面的特征、长处、优势，赶上或超过他人的一种心理适应机制。

比如，从小性格阴沉、暴躁和缺乏耐性、好动的拿破仑，终于成为被马克思和恩格斯称之为“真正的伟大的拿破仑”，青年时穷得连饭都吃不饱，依靠法国革命，从一名默默无闻的下级军官，一步一步地跃升为将军，最后取代了腐败的督政府，掌握了政权，巩固了新兴的资本主义制度，反击了复辟势力。拿破仑的一句名言是：“在我的辞典里，没有‘困难’二字。”他的一生就是从不向困难低头屈服，他永远进攻、进攻、再进攻，因而在事业上取得了辉煌的成绩。

又比如，被誉为千古卓绝的两大演说家之一的古雅典著名雄辩家德摩斯梯尼（另一演说家为代表柔性的西塞罗）开始演说时，因为声音和姿态都十分拙陋，屡屡遭到听众的讥讽。于是他独身一人躲在地下室里，剃掉了半边头发不见人，面向墙壁刻苦练习发声和姿态。后来因为音弱，便纵呼于山巅海涯而使音强；因为肩耸，便垂剑于肩上而使肩正；因为气促，便练习深呼吸而使呼吸舒展；因为音杂，便口含小石子练习发音，而使发音清晰。这样勤奋地苦练了好几年，战胜种种艰苦，最后成为千古以来的卓越演说家。德摩斯梯尼演讲时豪迈严肃，气宇轩昂，词语慷慨悲壮、热烈果断（他学过、也教过修辞学），使听者热血沸腾，精神振奋。

从上面讲的 2 个事例中可以看出：

很多人为了想要摆脱自己对心理上或生理上的缺陷的“劣等感”意识，极力寻找用别的东西来代替、弥补这种缺陷，这就是一种“补偿作用”。正像张海迪说的那样：“并不能使条条大路、每扇大门都对我关闭吧？通往成功之路，无非是布满荆棘吧？无非是要有勇气敢闯，披荆斩棘时能够忍受疼痛。这两条，我都不怕。”

其实，无论是身心有缺陷的人也好，没有什么身心缺陷的正常人也好，都会运用不同性质的、不同形式的补偿作用来扬长避短，弥补不足，发挥优势以满足自己的要求，实现自己的愿望。因此，这种生理、心理正常的人在生活当中的“补偿作用”，也属于一种正常的情况。心理学上把这种补偿叫做“过度补偿”（也可以叫做“过剩补偿”），也就是“百尺竿头，更进一步”、“更上一层楼”式的补偿。比如德摩斯梯尼和拿破仑，不做“过度补偿”也可以正常地生活下去，但他们不甘心于庸庸碌碌地、无所作为地混日子，于是奋力拼搏。最后终于成为在事业上有辉煌成就的伟人。

因此，心理补偿作用作为一种适应机制，人人都需要它。有些青年人认为自己体格壮实，所以很健康，也就不需要什么补偿不补偿的，其实这是一种误解，因为“健康”和“壮实”并不是一回事。比如说，举重运动员的体格是很壮实的了吧，但是他也会受到流行性感冒的袭击，而处于生理上不健康状态；同时，他也有可能因为受到挫折而忧郁、苦闷，从而处于心理上不健康状态。相反地，耳聋的贝多芬在体格上虽然不健全，但他的心灵高尚、精神健康。所以说，不仅体格虚弱的人，就是体格壮实的人也需要心理上的补偿作用。千万不能把补偿作用理解成为“补药作用”。

在人们的适应机制中，除了补偿作用外，还有很多其他的适应机制。比如，当社会不允许一个人直接满足个人的欲求的时候，人们便会用“变位”的形式，变换位置、变换方向地代换为社会可以承认、接受、允许的形式来间接地满足个人的欲求。这种变相适应机制叫做“升华作用”。例如，进攻性特征严重的人，可以把精力转向为热爱体育项目；把“饱暖思淫欲”的要求，转化为爱好文学、艺术等。

对于生理上有某种缺陷的青年人来说，想要前进，想要成功，就得首先克服自卑感。自卑感或劣等感意识，是生理缺陷者的意志腐蚀剂。如果一个生理上有缺陷的人，让这种心理压力统治自己，便会瓦解斗志，一事无成。张海迪在1978年1月20日的日记中写道：“从人们的目光中我或多或少地了解了，我比别人低一等，那就是因为我失去了双腿。多么痛苦啊！沉沦吗？我不甘心；奋进吗？我该怎样铺设一条金光大道？是的，首先我要克服自卑感。我要这样想：在通往未来的征途上，我和你们是同路人！我要加强自我的制约能力，坚强些！”她的这番议论，对于那些面临失败、困难或挫折的人应该采取什么态度，是非常有启迪意义的。

百折不挠，奋发向上的志向，热情、勇敢、坚忍、勤劳、自信等进取性心理品质，对于生理上有缺陷的青年人来说，格外需要。张海迪说：“残废并不可怕，可怕的是失去了进取的勇气和信心。”一位大学生给报刊写信说：了解了张海迪的事迹后，他流泪了，“不只是她残废的身体，使我流出痛心的泪水，更是她那顽强的精神，使我涌出感奋的泪花。”

一个人生理上的病残或缺陷，尚且不能阻挡其奋发有为，取得成功；那么，在形体和容貌上，如果你有什么瑕疵，又算得了什么呢？战国末期的思想家和教育家荀子，在教导他的学生不要以身材的高矮和相貌的美丑来评论人的好坏，而要以思想崇卑和学问的大小来评价人的时候，他就举例讲过：孔子（孔丘）脸上的毛又多又乱，像个恶鬼；周公又瘦又小，像个干枯的树桩；傅说（这里的“说”，读音为yuè；傅说是商王武丁的大臣）是个驼背；商汤（商朝的建立者）是个瘸子，但这些人却都名垂青史，万古流芳。

法国伟大作家罗曼·罗兰在《贝多芬传》中，描述作曲家贝多芬的外貌时写道：“他短小臃肿，外表结实，生就运动家一般的骨骼。一张土红色的宽大的脸，到晚年皮肤才变得病态而黄黄的，……”

根据其他史料记载，贝多芬的确“其貌不扬”，他身材比较矮小，长着一个大脑袋，鼻子发扁，面部又有麻粒。如果从现在大多数“时代青年”的标准眼光来看，贝多芬的长相可谓“寒碜”得很，他的个头起码也得列入“二等残废”之列。但是，听过贝多芬谱写的交响曲的听众，却几乎个个心潮澎湃，人人激情满怀，从而深受鼓舞。

一位好学上进、品格高尚的青年朋友，不止一次地用充满感激的口吻讲：“不知道为什么？我每次听《英雄交响曲》和《命运交响曲》的时候，总是感到心里热乎乎的，浑身有劲，精神振奋；听《田园交响曲》时，心里就觉得特别平静、舒畅。”

可是，你知道吗？贝多芬一生却遭到了种种的不幸：耳聋、近视、失恋、贫困、孤独、忧郁……可是，就是他，一个身心受到摧残而又有缺陷的人，“一个不幸的人，贫穷、残废、孤独、由痛苦造成的人，世界上不曾给他欢乐，但他却创造了欢乐给予世界！”（罗曼·罗兰《贝多芬传》的“结束语”中的话）

为什么有些人会自寻烦恼？

每个青年人都会有烦恼，而且是各式各样的烦恼。在人生漫长的征途上，青年人会遇到工作、学习和生活各个领域中的形形色色的烦恼。这些烦恼有时“剪不断、理还乱”，纠缠你的心灵，使你心烦意乱；有时烦恼会像蛀虫一样，无休止地啃蚀着你的心灵，使你陷进痛苦深渊中，无力自拔。

一、烦恼的产生

正常的烦恼大部分是“事出有因”的，你总是会找到产生烦恼的原因来。除心理失常的人之外，正常的人不会无缘无故地烦恼。但是，从心理健康学的角度看，所谓“烦恼”，绝大部分都是自己找上门来，“包揽”到手的，因而烦恼有强烈的“主观性”，并且可以防止和避免。

为什么说烦恼大都是“自找”的呢？因为烦恼是主观上的一种情绪体验。比如说，你感到烦恼的事情，对于别人来讲，就未必会同样地产生烦恼的情绪体验；反过来说，别人感到烦恼的，你也未必会同样地感到烦恼。擅长写幽默小说的美国著名作家马克·吐温曾经说过：“我知道的烦恼很多。但却大部分都始终没有发生！”这也就是说，何必去多想烦恼，何必去自寻烦恼？

人们感到烦恼的事情，往往是没有发生的事情，甚至事实上不至于发生的事情。你可以想一想，一个人若是处于危险的情境中时，他会更多地想他所认为的烦恼事情吗？如果一个人紧张忙碌地做一件事，他是不会感到烦恼的，也可以说，他“顾不得”烦恼了。因而，烦恼是可以避免的、可以排掉的。青年朋友们最好不要养成“如果……我会怎么样？”的思想习惯，不要把你的心力浪费消耗在不准备去处理、或者不需要处理应付的情境上面。

过去的已经过去，“俱往矣，还看今朝”。未来的还未发生，何必去学杞人忧天！将来的路要从现在站着的脚下走起。请你不要让遗憾、悔恨、内疚和难过的消极情绪腐蚀你的心灵；也不要为未来而忧心忡忡，睡卧不宁。做一个情绪开朗的乐天派，做一个面对实际的现实主义者吧，消除你千般万种的消极恶劣情绪，超脱一点、实际一点之后，你会感到时间和精力都不允许你在那里一个劲儿地品尝烦恼的滋味。

请记住：记忆心理学中有“遗忘”这一环节；你可以忘掉你的烦恼，把烦恼从你的记忆中抹掉，不要让烦恼沿袭成习性；当你已习惯地烦恼不休的时候，你也不必为烦恼的习惯而再烦恼，随它去，它会自行消灭掉。你也许会惨淡地一笑说：“啊，我偏偏忘不掉！”是的，记忆心理学中有这样一条规律：有意的遗忘很困难。比如，我们想有意地忘掉某件事，但却经常是偏偏想起它。

你也许有过这样的体验：人们劝你说“忘掉他吧”或者“忘掉她吧”可你却偏偏苦恼地、执拗地忘不掉这个他或她。那么，怎么办？当然不是一定去“另找新欢”，你可以把你的精力投放到其他方面去，转移掉这个“忘不掉”的人。因为人生的道路是既漫长而又广阔的，等待着我们去作出贡献的工作太多太多，而时间又是少得极其有限，如果你一再地被烦恼所干扰，那就会使你误了车，甚至是误了末班车，而这趟车将载运你驰向成功之路。

二、怎样消除烦恼?

从心理健康学上看，有2种行之有效的方法，可供参考：

(1) 把你认为使你烦恼的事情，一一地记下来，分析处理。比如说，如果是一件必须加以抉择的事，你不妨把正面的和反面的理由都写下来，然后考虑怎样处理为好：如果这件事发生，我便这样地做；如果那件事发生，我便那样地做。

如有可能立即付诸实践，最好是立即了事。最不明智的做法，就是一味地拖延下去。比如说，决定要写一封信，与其今晚愁思一夜，不如当晚写好后，就可以赢得一夜好眠。不要把你的精力白白地浪费掉，或使之成为生活的阻抑力，而要珍惜地把精力变成生活的原动力。

(2) 不要回避可能使你烦恼的事情。正视烦恼之事，平心静气地去考虑，积极努力地去解决。对所能预料的事，确定一个切实可行的解决方案，对不能预料的事，做好思想准备，以饱满热情和充分信心去迎接它。

比如说，你要去攀登一座高山。在没到这座大山之前，没有必要过多地去想它，待到你真的到达了山脚下，你往往会发现有你想象不到的可供攀登的路径。“山重水复疑无路，柳暗花明又一村。”鲁迅在1925年写给许广平的信中写道：“但我也并未遇到全是荆棘毫无可走的地方过。不知道是否世上本无所谓穷途，还是我幸而没有遇着。”

有人曾做过这样的心理学实验：让心情快乐和心情悲哀的两批人朗读关于一个胜利者和一个失败者的故事。结果发现：心情快乐的人，最关心胜利者的结局；而心情悲哀的人，最关心的是失败者的命运。于是科研人员就此得出结论：悲观的人倾向于低估对自己发生的一切事情的价值意义；他们回想起来的事情，大部分都是令人伤感的，这样也就使他们更加颓废、忧郁、烦闷。因此，每个人都应该树立起乐观主义的信念，切勿自寻烦恼，只有这样，才能彻底地摆脱消极的烦恼情绪。

为什么有的人情感淡漠?

在我们周围，也许会碰到这样的人，他们对人、对事表现得很冷淡、不热心，甚至冷酷无情。这在病理心理学上叫做“情感淡漠症”。“情感淡漠”虽说也是一种情绪体验，不过这种体验大都是病态的、不健康的。

情感淡漠在表现程度上，有轻重不同的区分，情感淡漠的形成与发展原因，也包含有病理和社会心理2方面的因素在内。

在国外，现在有些青年心理学家，他们经过了大量的调查研究后发现，在生产力高度发展的现代化社会里，有为数不算少的青年，在心理上处于“三无”的状态。

所谓“三无”，简而言之，就是无情、无力、无心（心思）。这也就是说，他们无动于衷、缺乏活力和漠不关心。这些多年专门从事研究青年心理学的专家们呼吁，生活在现代化社会里的青年，应该警惕这种心理上的“三无”状态。

一、“情感淡漠”的青年，有哪些主要表现特征

（1）从面部表情和身体姿态上，就可以看出他们缺乏生命的活力，整日里有气无力，失去了“和现实的活着的联系”。

“和现实的活着的联系”这句话，也可以翻译成为“和现实的有生命的接触”。这句话是生于波兰的法国著名精神病学家明考夫斯基的一句名言。他说的这句话，也就是中国古语“行尸走肉”、“哀莫大于心死”之意。明考夫斯基解释说，情感淡漠的人是自闭性的、自我封锁的。这类青年大部分是因为心灵上曾经遭受过种种挫折、打击或创伤，于是心灰意冷，丧失了生活的乐趣，对人对事都感到索然无味。他们的心“冷透”了，躯壳虽存、“灵魂”已无，心灵空虚至极。

（2）表现为心理上的不适应。

这是一种另外形态的情感淡漠症。在生活中通常可以看到，有些青年行为正派，并不胡作非为，但他们却有一种不由自主的强迫性病症的倾向。主要表现为，他们并没有什么特殊的原因，但却失去对于学习的热情，或者失去了对于社会的关心；他们持续地过着一种自认为“超然”的脱离现实的生活。

然而这类青年并不像精神病患者那样，他们的智力和品格相当好；他们也不像某些神经病患者那样内心惴惴不安、紧张不宁。病理心理学家认为，这种类型的情感淡漠青年一只是一种表现在行为上的障碍或阻抑，他们是神经症的“预备队员”。比如，有些青年自认为很“老练”、很“成熟”、“看破红尘”，他们斗志减退，不想靠自己的奋发努力而改变现状，他们安于现状、得过且过。

二、如何治疗“情感淡漠”

病理心理学家认为，对这类青年的“医治”是相当棘手的，比起前一种类型的情感淡漠者，更加麻烦、费力。尽管如此，我们还是有办法可以使他们“死灰复燃”，重新燃烧起生命的火焰，激发起他们奋发向上、努力拼搏的精神。帮助这类青年朋友寻找回来他们失去的精神乐园，有效

的途径就是“读书学习法”和“音乐治疗法”。

1. 读书学习法

有很多情感淡漠的青年，用读书、学习的办法，填补了他们心灵上的空虚，使他们重新振作起来、热情起来、积极起来。因而，“读书学习法”，被病理心理学家和青年心理学家们一致赞誉肯定，认为它是治疗心理空虚的一种有效方法。

为什么“读书学习法”会发挥这样大的效用？因为读书可以开阔眼界，帮助情感淡漠青年看清前进的目标，在精神上找到寄托，鼓励他们充满信心地一心投入有意义的事业上去。因而在他们养成读书习惯之后，就会改变心理上的“三无”状态，精神生活充实了，生活也就不会再显得乏味。显然，因为有了知识之后，就会找到理想这一精神支柱。从这里也可以看出，英国大哲学家培根说的“知识就是力量”的确是一句至理名言！

在黑暗的旧社会，很多杰出人物对于祖国处于忧患中也苦闷过、彷徨过。但是他们如饥似渴地博览群书，用科学的知识（包括社会科学知识，如马克思主义等）充实与丰富了自己的精神世界；然后又用这些知识奋发有为地造福人群。列宁夫人克鲁普斯卡娅在回忆列宁时写道：“书在弗拉基米尔·伊里奇一生中发挥了巨大的作用。在他从事的那种浩繁的工作当中，书给了他知识，而这些知识又被他出色地掌握住；否则，他就不可能成为我们大家所知道的那个列宁了。”

勤于读书、勤于学习，不仅可以改变心理空虚的状态，而且可以医治精神抑郁。美国有些大学举办周末进修学习班，一些不是由生理上的内脏器官性病变所引起的心理疾病患者，参加进修班学习后，用不了很长的时间就消除了诸如抑郁、头痛、心动过速等症状。这就再一次证实，“读书学习法”的确是一种有效的、非药物性的心理疗法。

2. 音乐治疗法

除了“读书学习法”以外，还有音乐疗法等有效地消除情感淡漠的心理疗法。比如，当你因各种原因而心灰意冷、悲观失望，精神萎靡、意志消沉，彷徨怅惘、寂寞空虚的时候，你可以时常听听进行曲那样宏伟奔放的旋律，它会给你带来充实同勇气、希望和力量。

上面是从病理心理学角度来分析情感淡漠问题的，下面让我们再从社会心理学角度来做分析。

1964 年 3 月 14 日，美国《纽约时报》报道了一则杀人消息：一位年轻妇女夜晚在纽约昆士区自家住宅附近被杀害。由于被杀者奋力抵抗，谋杀者延续用了半个多小时才将她杀死。事后调查四邻有 38 人曾听到她的呼救声，但无人相助，甚至无人报警。这件事引起了美国舆论界的重视，成为社会心理学家研究的重要案例。为什么见死不救，“无人相助”？这可能有许多复杂的因素，但是旁观者的“情感淡漠”以至“冷酷无情”是一个十分重要的原因。

1983年5月24日，我国《光明日报》报道了一则牺牲自己、抢救别人的消息：1983年4月11日，福建省建阳县徐市公社中心小学的乡村女教师冯细珠，当一阵罕见的龙卷风席卷而来，教室就要倒塌的时候，她用双手紧紧地撑住大门，结果，学生们脱险了，而她却献出了年仅31岁的生命。而2008年“5·11”汶川地震中涌现的舍己为人的事迹更是数不胜数。这种舍己救人的精神，同前述某些人见危不救的淡漠情感，形成了鲜明的对照。

两种社会制度，给人们带来了两种不同的社会心理。情感淡漠以至冷酷无情，在资本主义社会里，几乎成为一种流行的社会通病。

上面讲的这些，是作为一种社会思潮的大众社会心理来分析的。毫无疑问，这是我们必须清醒看到的一个大前提。可是，从心理健康学的角度来观察，为什么在同样一种社会制度下，比如说在我们的周围环境里，大多数的人富有同情心和利他精神，而有些人却情感比较淡漠以至冷酷无情呢？

三、“情感淡漠”的原因分析

有些病理心理学认为，淡漠是一种对挫折的退缩式的心理反应。通常人们在遭到挫折的时候，先是表现为“攻击”反应；如果攻击反应失败，或者由于攻击反应而招来更大的挫折时，就会表现为“逃避”反应；如果不能逃避，就会表现为“淡漠”以至“无情”的反应。

攻击—逃避—淡漠（或无情），这3种不同的对挫折的反应方式，究竟采用哪一种？这决定于当事人所面临的不同的具体情境，以及和它们不屈的效果。因此，这3种不同的对待挫折的反应方式，并不是从强到弱地必经的3个步骤。在日常生活里，我们会发现，对待同样的挫折，有的人采取攻击方式，有的人采取逃避方式，而有的人则采取淡漠以至无情的方式。

说起“淡漠”和“无情”来，似乎是对挫折情景漠不关心、甘心退让、无动于衷，没有什么愤怒的情绪。其实不然，淡漠只不过是把愤怒暂时地压抑下去，用“间接方式”表现出来罢了。可以说，淡漠在一定程度上是一种“无言的反抗”、“消极的抗议”。

应该说，引起淡漠情感的原因是复杂多样的，并不限于我们在开头所讲的那两种类型，实际上还包含有政治、经济、社会、文化等背景的多变量因素在内。因而单纯地从生理上或心理上查找原因还是很不够的。因而，我们不仅应该运用病理心理学的知识，也同时应该运用社会心理学的知识，去分析情感淡漠青年的心理特点，及其形成与发展的真实奥秘。

国外有一位病理心理学家叫做金布尔，他在 1963 年提出，下列一些人容易产生淡漠反应：①长期遭受挫折的人；②处于无助和无望状态的人；③有心理上的恐惧和生理上痛苦的人，④心理上既不能攻击也不能压抑的人。

这 4 类人在情感上容易产生淡漠的共同性基因，还是由于他们所处的社会环境对他们的心理产生了巨大而又深刻的影响所造成的。情感淡漠以至冷酷无情是有强烈的社会性和阶级性的。一个人是否产生淡漠行为，那是取决于他（她）的道德水平和道德信念的。说到底，淡漠行为的核心是保护个人、保护自我。

我们如若仔细深究便会发现，情感淡漠的人并不是真的“与世无争”、逃避退缩；如果碰到个人自身的利益受到损害时，他们并不全然表现为淡漠。上面讲的那桩美国纽约昆士区惨案发生后，美国社会心理学家达利等人立即着手进行了调查。他把淡漠的旁观者当时的心理活动，归纳为下面 4 种：①害怕暴徒用刀子捅自己；②怕参与干涉后，法院要自己去作证，这样一来，就会费去许多时间或产生其他牵连；③由于是突发事件，思想准备不足；④也许是一场虚惊，并无其事，自己贸然去救人，太冒失，会被人笑话。

实际上很明显，这桩杀人惨案冷漠无情的“旁观者”（他们当时都听到了年轻妇女的呼救声）所申述的 4 大类见死不救的理由中，③和④只是一种借口；②是次要的；①才是主要的、真实的原因。也就是说，袖手旁观、见死不救的淡漠行为的基本原因，是保护个人，“怕暴徒用刀捅自己”。

不过，也有些情况和兆头，值得人们深思。比如说，近几年来，我国法律咨询工作者，在总结父母不负责任地离婚，从而给子女带来了不良影响中发现：父母离婚的子女，因为缺少家庭温暖，而对人生和社会抱冷漠态度，对人缺少必要的信任，他们大多数性情孤僻古怪，道德感不强，要么对什么都漠不关心，要么粗野无礼，缺少应有的教养。这种情况尽管是少数现象，但也不能不引起社会上的足够重视。

因此，为了消除有些青年的情感淡漠，不仅希望他们本人保持心理健康；同时也要向广大的父母、教师和全体社会成员呼吁：要尽力创造使青年人感到温暖、安全，受尊重、有希望的有利环境。

为什么会产生自卑感?

人们为什么会产生自卑感？你也许能列举出多种多样的理由来，但是从心理因素来分析，基本上可以归纳为“害怕失败”和“缺乏信心”这

2 条主要原因。当然也有因为生理上的某种缺陷而引起自卑感的。

一、因失败而自卑

有些人经受不了过多的失败，当大大小小失败累积起来后，便会形成这些人的自卑感。特别是对于那些神经比较脆弱的人说来，如果屡次遭受哪怕是很轻微的失败，也会使他在心理上觉得事事不如别人，“自惭形秽”，逐渐地丧失信心，甚至悲观失望，不敢勇于进取。因此，失败的经验是形成自卑感的一个极其重要的因素。

对待失败，我们首先应该明确，在漫长的人生征途上，不可能永远是一帆风顺的，挫折和失败几乎是必然要发生的。有了这样的认识后，就不会在感情上产生很大波动。英国著名教授汤姆逊，一生发表过 600 多篇有价值的学术论文，获得 70 多种发明专利，被世界上 250 多所学校或团体授予荣誉称号。他在祝贺他执教 50 周年的大会上说过这样一句话：“有两个字最能代表我坚持奋斗 50 年，致力于科学发展的艰辛工作特点，那就是‘失败’二字。”

显然，汤姆逊教授在这里想要强调的是：正是由于在 50 年向科学进军中不断地战胜了“失败”，他才取得了巨大的成就。

教育家徐特立 1956 年对湖南第一师范学生讲话时讲道：“青年人不但应该经常锻炼身体，增进健康，还必须保持乐观主义，不把烦闷困累自己。几十年来，我在工作和事业中不知遭遇多少挫折、打击和失败，但我有一个长处，就是不论在什么恶劣的情况下面，从来不发愁，不着急，不唉声叹气。我是这样想的：失败是一种损失，失败后又来一个发愁，着急，不是再加上一层损失吗？这未免太不合算了！我不干这种傻事！一个人走路不小心，摔了一跤，唯一的办法就是爬起来再走。像小孩们摔了跤就滚地、哭脸，有什么用呢？事情失败了，就只有再干。真有决心毅力的人，失败每每真是成功之母，愁什么？急什么？”

敬爱的徐老说得多么好，多么中肯啊！

我们需要树立这样的信念：在学习上，有几次考试失败，成绩不佳，并不足以说明自己的智力就不如别人，因为影响考试成绩的主客观因素是很多的。在工作上，一时不顺手，没有取得主观愿望上的好成就，也不必因此而畏首畏尾或者怨天尤人，可以振作精神，总结经验，再接再厉，重新做起。在生活上，情感方面的失意或挫折，也不必因此而失魂落魄、长吁短叹，胆怯怕羞等。简而言之，不论是在哪一方面遭到失败，都需要打掉自卑感。

青年人由于知识、经验的不足，在失败时往往找不到恰当合适的办法去排除自卑感，因而恶性循环的结果，就更加经受不住挫折、困难和失败的打击。成年人由于涉世较久、阅历较深，也就更达观开朗些，他们可以用豁达的态度把失败与“不幸”的苦酒冲淡，借助丰富的生活经验，给予心理上以有力的支撑，泰然处之。这种“磨练”（有些人把它讥讽为“厚脸皮”），在心理治疗上还是有效的。

美国教育心理学的开创者、也是著名的学习心理学家桑戴克，曾经提出一条学习规律叫做“效果律”，认为：不愉快的失败会给人们以不愉快的情绪，使人们对于失败的事情不愿再度尝试。这条规律易为人们所接受，于是乎也就成为碌碌无为的弱者自我安慰的一种借口。但是，如若你真想取得超常非凡的成就，那就得打破所谓的“常规”，反其道而行之，要锻炼自己用“愉快”的情绪去对待那些不愉快的失败，越是失败越是要去尝试，这样才能获得成功。

你听过医学上“606”药发明经过的传闻吧。人们以讹传讹地误认为，是经过606次的试验后，才发明创造成功的。其实，这是埃尔利希和他的同事一道，经过长期试验研究，于1907年发明的第606号化合物，是青霉素未发明前的治疗梅毒和其他螺旋体疾病的特效药。

不必管它究竟是不是经过606次的试验才成功的，只就埃尔利希等人“长期试验研究”而论，也必然地是经历了失败→尝试→失败→尝试→失败……这样一个过程，最终才获得成功的。

如果按照美国大心理学家桑戴克的观点：失败会给人们带来不愉快的情绪，因而人们对于失败的事情不愿再度尝试，那造福人群的“606”药还能试制成功吗？同样的道理，越王勾践经过“卧薪尝胆”式的刻苦自励、发奋图强，吃尽苦中苦、不怕失败，打掉自卑感，最后得以报仇雪恨这段史实，也就不会发生了。

因此，青年朋友们要抹掉你们头脑里的“失败的记录”，不要总是念念不忘过去的失败，不要担心失败、害怕失败，打掉你的自卑感，勇往直前！

二、因缺乏信心而自卑

上面说的是由于害怕失败而产生自卑感的种种情况，下面再说说由于缺乏信心产生自卑感的问题。

心理上的畏缩情绪，会使人们对所面临的挫折、困难和失败，感到束手无策、无能为力。如果自己首先丧失信心，自认为已经走投无路，把事情看死，认定绝对不会再改变了，那你在心理上就解除了武装，不会战胜挫折、困难和失败，只有“束手待毙”。张海迪在1981年9月28日的日记中写道：“必须对生活先有信心，然后才能使生活永远继续下去。”讲的就是这个道理。

生活实践生动地证实了，成功和自信是互为因果的。可是遗憾的是，人们常常是只看到成功可以增强自信的一面，却往往忽略了自信也可以促进成功的另一面。不少人由于思想上的惰性或懒汉懦夫心理作怪，因而对“失败乃成功之母”的理解，往往误解为偶尔一两次的失败会成为再接再厉的“兴奋剂”，但是如果屡遭失败，就会灰心失望，丧失了勇气。因此，我们要强调：百折不挠的意志才是成功的真正动力。

在生活中可以看到这样一种情况：一个人愈是成功，就常常愈是成功；而一个人愈是失败，就常常愈是失败。有些青年人认为：这是“运气”——总是成功的人交了“好运”，而总是从失败走向失败的人交的是“坏运”，是“倒霉”。这种理解缺乏心理学上的根据，是唯心的“宿命论”观点。很显然，有了信心你就会成功，成功了你就会更有信心；相反地，丧失信心你就容易失败，愈是失败，你就会更加没有信心。因此，青年朋友切勿把经常成功或屡遭失败的原因，归之于“好运”或“命苦”。

有一位喜爱美国文学的青年人，曾用沉痛的语调问：“丧钟为谁而鸣?”（《丧钟为谁而鸣?》是美国著名现代作家海明威的一部杰作）答案是：“它就为你而鸣!”如果你缺乏时代的大钟时刻在为你敲响，缺乏钟声指引和鼓舞着你前进的意识，那你便会充满被时代遗弃的孤独感，很有可能碌碌无为地沉沦下去。

三、自惭形秽而自卑

再说说“自惭形秽”的问题。

这是一句成语，“惭”是惭愧的意思；“形秽”是不体面的意思。整句成语的意思就是自己惭愧不如别人。引起“自惭形秽”这种不健康心理的最为明显的原因，就是有些人由于生理上有某种缺陷。例如，有些人由于看不见、听不到、做不到普通正常人能够看见、听到和做到的，就会觉得自己不如别人；或者是在面貌、身材、体型各方面有些缺陷或不足，就会感到“低人一等”。

生理上的缺陷，并不一定就必然地会导致心智上的缺陷，因为自卑感和自尊心往往是同一个“情意结”的两种不同的表现；换句话讲，自卑感和自尊心往往是同一个“情意结”的“两极”表现。就是说，有些自卑感来自自尊心，特别是那些强烈的自卑感往往是强烈的自尊心的反映。有些人自尊心很强，他们几乎绝对地不能忍受自觉不如别人，而这种自尊心常常是隐蔽的、潜在的自卑感的暴露。

这里所说的“情意结”，是心理学上的一个专有名词。“情意结”，也可以简称为“情结”，又可以叫做“观念复合体”。它在人们深藏的潜意识中，以某一种特定的情感活动为中心，缠集夹杂着另外一种心理活动。这种情意结不是一朝一夕或者短期内形成的，而是日久天长、由来已久，大多是从童年起就形成的了。

人们的许多挫折，往往会被深深地压抑在意识深层，几乎变成了不知不觉的无意识了。一般讲来，情意结伴随有痛苦、厌恶和惧怕的感觉，这种情意结常常是以不同的方式、不由自主地影响着人们当前的思想、情感和行为，也经常会表现为神经质的自卑感等。

从积极的方面讲，强烈的自卑感，往往会促使人们在其他一些方面有超常的发展，这就是心理学上的“补偿作用”，通过补偿等适应方式来弥补人们的所短，从而发挥人们的所长。耳聋的贝多芬，成为划时代的“乐圣”，就是一个最为有力的证明。因此，生理上有缺陷的青年人要打掉自卑感，把自卑感转化为自强不息的推动力量！

也会有这样的情况：有自卑感的人不一定就是水平很差。也有可能是对自己的要求偏高，因而产生自卑的劣等感。比如，一位年轻的海员，他很喜爱数学，并且发表过几篇很有水平的有关现代数学的学术论文，他把全部业余时间都用在钻研高等数学的解题上。但他有自卑感，认为自己的“天分”差，赶不上陈景润。我国有句古语“仁者见仁，智者见智”，仁智各有所长，不必相比，更不必产生“我不如彼”的自卑感。

怎样消除惧怕心理？

一、惧怕的外部表现

惧怕的外部表现是十分显著的，往往给人以“可怕”的印象。根据生理心理学家的实验报告，以及生活经验的观察，人在惧怕时，由于所惧怕的刺激物的强度不同，每个人的体质和性格特点的不同，因而外部表现也不尽相同。不过，一般来讲，普通寻常的惧怕，几乎都表现为：

（1）随意筋肉变得疲软，有时会产生痉挛，语音变粗，张口结舌或说不出话来；

（2）口干舌燥，出冷汗虚汗，妇女还可能使乳汁暂停分泌，月经和唾液的增多，皮肤生粗粒（俗称生鸡皮疙瘩），毛发耸立，呼吸困难或暂时中断；

（3）外周血管收缩、忽急忽慢，战栗不已，心猛跳，面色变白。

人在惧怕时之所以脸色苍白（通常所谓的“脸没血色”、“面无人色”），是因为惧怕时除心脏外，各处都亏血，由于心跳几乎停顿，输入面部的血液顿少或减少了；而惧怕时会战栗不已，有人说是由于全身血液容易变冷，战栗可以产生热力，使血液温暖。

如果引起惧怕的刺激过强，那么在极端惧怕状态时，甚至可以使人全身软瘫，手足失措，寸步难行，“呆若木鸡”。

以上这些惧怕时的外部表现，我们可能程度不同地都体验过，因为这是正常惧怕的正常的外部表现。

二、如何消除惧怕心理

正常的惧怕是人们对事物的一种正常的态度，属于一种正常的心理现象，它对于每一个正常的人来说，可以说是不可免除的、正当需要的惧怕；因为这种惧怕对于身心的正常的、健康的发展是必要的。

但是，也还有和正常的惧怕相反的另外一种不正常的惧怕。这种惧怕是指怕一般正常人不怕的“怕”，以及怕一般正常人不那么怕的“怕”。这种正常人不怕、而有些人却怕的“怕”，正常人稍怕而有些人却怕得很厉害的“怕”，就是不正常的反常的惧怕。每个人都应当极力地设法消除这种不正常的惧怕心理，因为这种惧怕危害身心的正常的、健康的发展。我们这里要谈的“怎样消除惧怕心理”，主要就是谈怎样消除这种不正常的惧怕心理。

那么，应该怎样消除不正常的惧怕心理呢？这在前面已经涉及了一些。如像扩大知识面，增强信心，解放思想，加强学习，改变心理状态，树立正确的人生观等。下面，再进一步作一些补充和归纳：

1. 实践疗法

消除惧怕心理的最有成效的治疗方法是“实践疗法”。实践疗法亦可称之为“行动疗法”。我们要有迎难而上的心理攻力，要坚持在实践行动中消除你所怕的惧怕心理。比如说，你如果怕在大庭广众下讲话，那你就得下决心，坚持练习在众人面前讲话的本领；你想学会游泳，就只能在游泳中练会游泳，手持《游泳指导》一类书，在床上练游泳是练不会的；初学游泳喝几口水是免不了的，但却不要因怕喝水而放弃练习的机会，使自己不自觉地产生惧怕心理。

临床实践和生活经验都已证实，行动疗法比起“劝说脱离”惧怕的方法，要有效得多。因为行动疗法可以使人适应、习惯，比如，惊涛骇浪可以使旅客胆战心惊，但船长却处之坦然。

2. 增长知识

有些独生子女由于父母的过分保护，也会促使他们形成胆小怕事的惧怕心理。比如，父母对于子女离开自己，独自一个人出外旅游以至穿过马路或夜晚回家过迟等，总是放心不下，提心吊胆，唯恐他们会遇到什么危险、发生什么差错，于是对子女千叮咛、万嘱咐。在这样的环境熏陶下长大的青年，他们在父母的这种态度、情绪的间接影响下，怎能勇敢起来而不养成惧怕的心理呢？

怎样消除由于不良环境的影响和训练而产生的惧怕心理呢？那就要依靠知识，因为很多惧怕，是由于人们对自己所惧怕的事物缺乏必要的知识所引起的。因而，为了消除惧怕心理，就要增加和这些所惧怕的事物有关的知识。例如，当人们分析研究了有关地震的起因、规律以及预测、防备等基础知识后，人们对地震就不会在震前恐慌万状，在震时慌乱一团了。同样的，当人们分析研究了有关黑暗、旅游等的知识后，也就不会再盲目地、无根据地惧怕这些事物了。

这里，还须注意：一个人如果惧怕惯了，就往往会形成性格上过于胆怯和羞涩，从而产生心理障碍。他们可能处处疑心，事事戒备，缺乏自信心和主动性；在学习和工作上，常常会表现得随大流，缺乏闯劲和首创精神。而当他们逐渐地意识到惧怕和胆怯是造成他们在工作、学习和生活上失败的成因时，也可能会养成一种“自我中心态度”，用来“克服”和“消除”他们的惧怕。具有“自我中心态度”的青少年，往往会表现为易于顶撞、冒犯和侵害他人。

3. “对症下药”

对于惧怕成性的人来说，可以从个人经历上追溯根源，查找在他（她）的既往生活史上，有无受惧怕刺激的经历。俗话说得好：“解铃还需系铃人。”追根挖底，查清原因后，可教导以有关知识，解除他（她）的惧怕心理；或者让他（她）参加实际活动，习惯于接触他（她）所认为的“有害刺激”，直到不再产生敏感或病态反应。这是解除惧怕心理的一个治本方法。

有一位见水就晕的“怪人”，他只能在专用的脸盆里放少半盆水洗脸或擦身，他从来不敢躺进有水的浴缸里或淋浴。后来，他谈起他童年的一段经历。

原来他童年时期在白洋淀旁的家乡，和隔壁一个他喜欢的女孩，曾经一块下河游泳，他不慎踩了一块苔石，冲进靠近漩涡的区域，几乎丧命，在女孩帮助下挣扎好久才得救。

他把这段往日不愉快的经历深埋在心底，认为是“毕生的奇耻大辱”，在喜欢的女孩面前丢尽了脸面，又和险些丧命的恐惧交织在一起，成为“复合的情绪”，也就是精神创伤体验的“症结”，于是慢慢地得了畏水的病态心理。经过几次和医生诚恳、坦率、信任的交谈后，他逐渐消除了惧怕心理，后来成为一名游泳健将。

这个事例说明，用心理疗法中的“打扫烟筒”的办法（也就是“排泄疏导法”），“对症下药”，使堵塞了的心理通道经过清扫后，畅通无阻，解掉他们心里的疙瘩，是可以治愈某些惧怕心理的。

已逝的意大利心理学家摸索，曾经询问过一位身经百战的将军：“你平生最怕的是什么？”

这位将军回答说：“我已 70 岁，一生大半时间都在战场上度过，出生入死地和敌人周旋，所遇危险不可历数，但都比不上我在某一次经过某一个深山的孤庙时所体验到的惧怕。因为我在幼儿时曾在这所庙里见到一具被杀的男尸，不久以后的一天因为我淘气，家中女仆人恐吓我，要把我和那具尸体一起关闭在这所庙里。这件事情已经过去几十年了，想不到还是这样地害怕!”

摸索所引用的这个实例有力地说明，治疗惧怕的心理的第一个步骤，就是要深入了解惧怕是由什么样的刺激因素所引起的。

另外，也说明了很多神经质的重大惧怕，往往可以探查出幼年时期有精神伤创的“症结”。那么，采用“寻根”的办法，协助他们追忆起在幼年期心理发育过程中，被潜抑在心底深处中的那些伤创体验，分析这些惧怕的性质，指明形成惧怕的原因很多是荒唐可笑的、没有什么意义的，因而是“不值得”惧怕，也就是说，完全没有必要惧怕的。经过这样的“医治”后，惧怕的心理就可以逐渐地消除了。

“抗拒心理”与“攻击行为”是怎么回事?

一、“反对派”的成因

“抗拒心理”和“攻击行为”是社会心理学和病理心理学都关心的一个重要研究课题。在日常生活里，有些人被叫做“反对派”，或者他们自己干脆就以“反对派”自居。他们的抗拒心理比较严重，几乎成为“反对癖”，无论对什么事或什么人，都表现出抗拒的行为。这种人往往具有下列一些特点：自以为是，夸夸其谈，固执己见，振振有词；不能和别人合作，干什么事都别别扭扭；事情还没有做，意见就一大堆；谁不同意他的意见，他就反对谁；只能听奉承吹捧他的话，而听不得反对他的正确意见或善言劝告，等等。

这究竟是什么缘故呢？他们这样做，究竟是为了什么？

社会心理学认为，所谓“抗拒心理”是一种失常心理，它是用抵抗、反对集体或者别人对自己的一切要求、指令的形式，来逃避外界的压力，从而维护自己的个人尊严、面子。有抗拒心理的人，当他的需要受到挫折的时候，他就会对阻碍他的人、阻碍他的需要不能实现的规章制度和周围环境等，产生攻击的行为。比如说，他们往往用摔坏器皿、脚踢桌椅、重重关门等行为来发泄攻击情绪。有些人没有这样做，但是愤怒、敌意和破坏的情绪却长期地积压在心头，没有发泄出去，那么，就很有可能导致他们进一步地心理失常，并会用社会所不允许的、人们不能接受的方式，把他们的抗拒心理表现为攻击行为（例如打架、破坏工具等）。

二、逆反心理

西方《青年心理学》一类书籍，

大讲特讲“逆反心理”，并认为逆反心理是青年人心理的一个特征。青年人的逆反心理，有些是由于好奇心所形成的。比如，专门爱看受到批评或批判的作品、影片、电视片等，他们辗转相传、争相传阅。我认为这种出自好奇心理的逆反心理，不能和抗拒心理与攻击行为等同看待。但是，在青年人中也确实有少数一些人，总是爱“唱反调”、“对着干”，喜欢充当“反派角色”。有些人甚至走向极端，充当与众不同的“英雄好汉”角色。这就是不正常的抗拒心理了。

对于这些青年，需要诱导他们多参加有益的社会活动，来排泄攻击性情绪；帮助他们把攻击性情绪转化为竞赛性的、奋勉性的和觉醒性的意念。这样，他们就可以把消极有害的攻击情绪，变为建设性的积极心理活动了。

三、攻击行为

至于“攻击”，它是愤怒情绪的一种表现。所谓“攻击行为”就是当一个人受到挫折后，往往会立即表现出种种反应当中的一个明显的反应。因此从这个意义上，可以把攻击行为的表现方式区分为2类：

1. 直接攻击

有谁敢于“虎口夺食”吗？我想人们不仅不敢从虎嘴里夺去它正在吃的肉食；就是一条狗正在啃骨头，也不大敢轻易地去夺取吧。因为谁如果这样做，谁就会遭到“护食”者的直接攻击。人类也有种种攻击，只不过比起一般动物来更加复杂罢了。敌我双方“狭路相逢”，你若是挡住对方的去路，他必定会向你发动攻击，这是最明显、最直接的攻击方式。在平日里，当我们遭受到挫折的时候，不一定采取打斗的方式，也许是口头的咒骂、书面的诋毁，甚至用怒目而视的面部表情，以至紧握拳头的手势、动作等方式，来表示我们的愤怒情绪。至于有个别的人失去理智地开车乱撞人，以至用机枪扫射人等凶杀性质的攻击行为，那就是属于极端严重的事例了。

直接攻击属于一种低级形式的抗拒心理表现，正像在幼儿时期，被一块石头绊倒后，哇哇大哭，反过来再去用脚踢这块石头，进行“报复”那样，对构成挫折的物（或人）直接地、立即地进行反应。但是在成年人的社会里，这种直接的、立即的攻击方式，通常是被社会、集体所不容许，会遭到大众舆论否定、反对和谴责；同时，这种做法，也常常是“于事无补”，不能解决实际问题，甚至后果不堪设想。因而，在现实社会里，当个人受到挫折的时候，就会出现变相的攻击方式。

2. 间接攻击

又可以叫做“变相攻击”或“转向攻击”。比如，有些人被领导批评后，回到家里会把玻璃杯摔个粉碎，发泄心中的愤怒；有些人白天工作不顺心，人事纠纷搞得他头昏脑涨，晚上回到家里，会“迁怒”于妻儿老少，把他们当做发泄心头怒火的“撒气筒”。像这样一些表现就属于间接攻击。通常，在遇到下面这2种情况的时候，人们往往会采用间接攻击：

①理智上认识到对某人不能直接攻击的时候，就会把愤怒情绪发泄到其他的人或物上去。社会心理学认为，这种情况常常是慑于对方的权势，敢怒不敢言，不敢直接攻击；或是碍于自己的身份，不便直接攻击。但是不管是怎么样的情况，由于挫折而产生的愤怒并没有消失，于是就会变着法儿地迁怒于别人和别的事情上。

②心情不佳，陷入所谓“莫名的烦恼”的时候，也容易采用间接攻击。攻击的对象不明显，挫折的来源也不明确，甚至当事者自己也不知该如何攻击是好的时候，往往会采用间接攻击。

3. 产生攻击行为的原因

造成这种情况的原因，很可能是由于长期以来，经常不断地遭受某些小挫折积累的结果。这些小挫折很可能是来自心理上的愤懑不平，或者来自生理上的内分泌失常，或某些慢性疾病的痛苦折磨。虽说挫折不算是激烈的、严重的、“狂风暴雨”式的，但是日积月累，郁集在胸，愤愤不平。因而会常常表现为闹个小别扭、发个小脾气，噘着嘴巴、皱着眉头，嘟嘟囔囔、骂骂咧咧，不听话、不合作，而且常常会把愤怒情绪发泄在别人身上，或者发泄在别的事情上。

成为间接攻击对象的人，值得深表同情。他们是些无辜的人，代人受过，被人泄怒，心理学上把这类人叫做“替罪羔羊”。为了家庭和睦，社会安宁，友爱相处、团结协作，他们忍受了这一切，默默地作出了牺牲和贡献。这些人是很值得尊敬的。

那么，咱们应该怎样正确地对待“攻击行为”呢？其实所有这些攻击行为，不管是直接的攻击也好，间接的攻击也好，都只不过是发泄愤怒情绪，或者是进行自我防卫的一种手段罢了。虽然说这些攻击行为都有社会心理学上的依据，可以理解，可以谅解；但是话又说回来，在和平建设的日常生活里，在人和人之间交往联系日益频繁的今天，我们毕竟应该也有可能用理智来战胜情感，应当提倡谦虚忍让的美德，大家互相多体贴、多谅解、多帮助、多团结，和睦相处，共同进步！

“双重人格”是怎么回事？

具有“双重人格”的人，往往会表现出程度不同的失常行为。在日常生活里，一些人的“双重人格”有2个主要的表现特征：①一个人在他的一生当中，有时会和过去判若两人，完全变了。②把过去的事情全部忘得一干二净。

为什么会有这2种表现？原因有病理上的，也有心理上的，而更多的是属于心理因素。有一件真人真事：一位中学教师性格活泼乐观，惹人喜欢；而在被错划为右派分子后，由于妻离子散，变得十分孤僻沉默，前后判若两人，以致使人不敢相信："怎么？他就是当年那个生龙活虎的小伙子吗？"

另外，20世纪40年代，轰动世界影坛的影片《人猿泰山》男主角约翰·尼·韦斯摩勒，晚年因贫病交加，心身尽瘁，脑子长期衰退，到最后，他只能对来看望他的人说，他曾经是最伟大的"人猿泰山"，而一切往事，都忘却得一干二净了。西风落叶、沉沦没落时期的韦斯摩勒和红得发紫、显赫腾达时代的韦斯摩勒，真是变得令人难以置信原来竟是同一个人。

在社会上，除"双重人格"以外，还会有"三重人格"、"四重人格"，以至更多的人格同时共存的现象，不过这样的人不多见。据国外1988年发表的一篇报道说，美国有一个得"怪病"的24岁男青年，名叫麦克，他身上具有27种性格，随时都能发生变化。他有时像婴儿，有时像老人，有时像女服务员，有时像运动员，有时却"成"了律师……他的这种多变的性格常会交叉反应，叫人捉摸不定。他本人抑制不住有时想害人，有时又想害自己这种矛盾的念头，弄得他十分苦恼。于是麦克求助于医生，医生诊断他得了世上罕见的"多种性格病"，即"多重人格"症，这种病例，在历史上有记录的只有200宗。麦克的病，倒真的是实属罕见，堪称"怪病"。这种病人，恐怕绝大多数人都没有碰见过，因为他委实是太极端、太严重了。

"双重人格"也好，"多重人格"也好，都是一个人的人格失去了完整统一的性质，分裂为两个或两个以上的人格，从而支配他的行为。也可能会在不同的时间里，每个分立的人格交替出现，使得他的行为失去了前后一致性，因而往往给人的印象是：一个人前后判若两人，或者是判若数人。

你也许碰见过这样一类人吧？他刚刚在电话里，对上级毕恭毕敬地讲完话，转过脸来却对他的下级声色俱厉地训斥不停，这种"前恭后倨"的表现，使我们感到可笑而又可鄙，感到此人是"人格太次郎"（这句词，也是一位青年朋友告诉我的）。这类人不是病态心理或变态心理的表现，而是属于丧失人格或品格缺陷方面的道德品质的问题。这是两类性质不同的"双重人格"。

这后一类"双重人格"，往往是由于利欲熏心、道德败坏造成的，以致给人以人格分裂的伪君子的印象。你看过《天云山传奇》这部电影吧？由著名老演员仲星火扮演的那位

"一贯正确"、"不倒翁"式的领导干部吴遥，他的人格是多么卑鄙，多么令人憎恶！他在外边对下级摆出了一副冠冕堂皇、正人君子的模样；但回到家里却显露了卑鄙无耻、下流小人的嘴脸。最后他露出了狰狞的真面目与肮脏的灵魂，终于对他以变相欺骗手段霸占来的年轻妻子（也就是被他陷害了的他当年"好友"的未婚妻）下毒手，一记耳光把她打倒在地、口吐鲜血；可接着他又跪倒在地、苦苦哀求他的妻子不要去告发他。你对这一幕图景印象深刻吧？你也一定同多数观众一样，感谢仲星火把这个伪君子的"双重人格"表演得如此深刻有力！

综上可见，造成双重人格以至多重人格，既有病理学上的原因，也有心理学上的原因。而在心理原因当中，又不能忽视政治上的、社会上的、文化上的背景。如果抛开人的心理的社会制约性这一决定论原则，你就会认为吴遥之流人物是"怪人"而不是"罪人"了。

因此，双重人格是一种心理失常，而造成心理失常的原因是由于他们同时有两个不同的动机，但这些不同的动机却不可能协调一致地和平共存，而是经常处于相互矛盾、相互冲突的状态中，这样，久而久之就会形成双重人格。正是因为有两个相互矛盾、冲突的动机同时并存，彼此互不相容，因而只能在某一段时间里满足其中一个，而压抑其他别的；于是这个人就会在不同动机的支配下，表现出前后极不一致的行为。

说到底，为了不让自己的人格分裂为双重人格，那你就得让自己的人格永远稳定地保持统一、完整、和谐的状态，让自己的动机、需要、愿望等服从于统一的人格的支配。使自己的欲望不要背弃信念，使自己的私欲不要和良心相冲突，使自己的行动不要和思想相矛盾。我国古代先哲孟子曾经说过一句发人猛省的警世名言："生，亦我所欲也；义，亦我所欲也；二者不可得兼，舍生而取义者也。"这对于我们保持完美、高尚的人格，从而避免人格分裂，该是有帮助的。

你属于哪种性格类型?

前面讲了"10类病态性格"，那是指人们在性格上所表现的失常心理或失常行为，从广义上讲，也可以说是心理疾病。下面谈谈一般正常人的性格。

一、内向性格与外向性格

如果从每个人对待生活的态度，即对环境的不同适应方式来看，人们的性格基本上可以分为内向型和外向型两种。这一主张，是瑞士的著名心理学家荣格提出来的。

荣格原来是心理学上精神分析学派创始人弗洛伊德的得意门徒，后来因为和他的老师弗洛伊德的基本观点产生分歧，于是分道扬镳，另立门户了。荣格认为每个人都有一种生命意志，那就是“欲望”，欲望就是人们一切行为的原动力，而“欲望”活动的方向，既可以是内向的，也可以是外向的。根据这种观点，荣格就把人们的性格分为内向型和外向型两类。

1. 内向型性格

一般来说，内向型性格的人，他们的行为的原动力，也就是说他们的欲望主要是向内倾斜的，表现为更多的是闭关自守式的关心自己的倾向。

这种类型的人，往往是朋友较少，谨小慎微，独善其身，和街坊四邻几乎没有什么交往；在会议上也很少发言，专心地充当听别人讲话的“旁听者”的角色；喜欢做老一套的已经习惯了的事，而不愿意干什么创新的工作，不愿意外出旅游，觉得外出不如在家里舒适；认为参加交际性的聚会，不如在自己家里和家人共享乐趣好，等等。总而言之，内向型的人，大多数不喜欢抛头露面，喜静不喜动，反应较慢，沉默多思，不愿意多讲话，非讲不可的时候，也是三言两语地只讲必须讲的就完了。

内向型人当中，大部分是神经质的人。这种人由于缺乏自信，所以往往遇事消极；有些事情他们本来完全可以做得好，但是因为缺乏自信心和消极态度，就会踌躇不前，因而往往一事无成。他们尤其是不敢轻易地创新，对于自己没有经历过的事情，在心理上会经常处于疑虑不安的状态。因此，对于内向型的人，更应当鼓励他们增强信心，发挥闯劲。

2. 外向型性格

和上面讲的内向型的人正好相反，他们的行为原动力，主要是向外倾斜的，表现出很容易接受外部刺激影响的倾向。

这种类型的人往往是向外开放性的，他们善于交际、朋友多，而且各界的朋友都有；愿意外出活动；干起新鲜事来很起劲；活泼开朗，活跃好动，决断快，很少深思熟虑后再行动，很少疑虑不安，适应困难比较容易；一般人不愿谈的事，甚至“不可告人”的有关个人私生活的隐秘，也毫不顾忌地津津乐道，不断地寻求新奇；喜欢成为谈话时的中心人物，听他（她）一个人在那里滔滔不绝地讲下去；经常乐于帮别人的忙。

3. 五种性格类型

当然，内向型和外向型这两种性格类型，又可以细分为很多种不同的类型。有些人比较内向，内向的倾向占优势；有些人或许外向些，外向的倾向更多些。现在国际上流行一种大众化的说法是“五种性格类型”，分别用英文字母 A、B、C、D、E 来表示它们。A 型是极端的外向型，E 型是极端的内向型，也就是说，A 型和 E 型是常态分配曲线上的两个极端。

一般地说，具有这两类性格者是心理不够正常的人。而大部分的人则是两种类型兼有，或者是比较倾向于二者中的某一个类型。

二、性格与人格的区别

性格和人格不一样。人格包含有道德性的意义，性格则不带有道德性的含义。性格不用“善恶”的标准来区分，因此说，性格内向型和外向型的人，都各有优点和缺点，不能绝对地说哪个好，哪个坏。不过通常认为，过分内向的人更容易得心理疾病或心理不健康。我们应当把这两种类型性格的优点吸收过来，把它们的缺点加以排除。

中国有句成语“静如处子，动如脱兔”，意思是说，该安静的时候，应该像大姑娘那样文静下来；该行动的时候，就应该像奔跑的兔子那样行动敏捷。同样的，人们应当做到：需要内向的时候就内向；需要外向的时候就外向。比如说，需要你讲话的时候，你就要侃侃而谈，把你的思想感情尽量表达出来；该你静听别人讲话的时候，你就不要总是插嘴、打断别人的话，一个人唱独角戏似地说个没完没了。这样做就会比较好地适应周围环境，就不会产生种种病态心理，心理也就会保持稳定的健康状态了。

目前，许多学者认为，以素食为主的东方人在性格方面，诚然具有温文尔雅的品性，但也趋向于保守，属于内向的性格。而以肉食为主的西方人，虽然容易激动，豪放不羁，但却富于创新、冒险，属于外向的性格。这当然纯属“一家之言”，但也不能说它完全是“无稽之谈”。

这段话显示了很多学者都在下工夫努力想揭开性格这个“谜”，想要查明影响人的性格因素都有哪些。但是也不能说东方人就完全是属于内向型的性格，而西方人就完全是属于外向型的性格。因为绝对内向或外向的人，是比较少见的。

任何国家、任何民族，都有或偏重内向、或偏重外向的人，内向与外向只能是相对而言。不过多吃些肉食来改变你的内向性，是否会收到效益，也无妨试试看。人类是食肉动物，原始人经过肉食，人脑就更加发达起来。

现在，许多心理学家都认为，青少年多吃些肉类食品，有助于智力的发展。因而，对待一些新的学说、观点，不要采取虚无主义的态度，简单生硬地加以否定。有一份资料：1983年，有人对天津一所重点中学高中生的性格特征进行了调查研究，其中，学生家长对自己子女的性格评价，可分类为：

（1）内向型的占总人数的59.8%，表现特征为：

①沉稳、自尊心强，但缺乏青年人应有的活力；

②胆量、魄力、毅力都不足；

③多沉静、少热情；

④多稳定、少变化；

⑤心胸不够开朗；

⑥组织能力不强。

（2）外向型的占总人数的40.2%，表现特征为：

①乐观、开朗、急躁，遇事爱争辩、盲目自信；

②办事无恒性、单纯、幼稚、不成熟。

对我国当代青少年的性格做这样的评价，当然不能算做是十分科学的定论，因为它的代表性和说服力毕竟有限，不能就此推而广之地去证明我国当代青少年一代的总貌，只能供作参考。但是，从中却可以明显地看出2点：

①内向型与外向型的性格特征，委实差别很大，它们的表现特征几乎恰恰相反；

②我国当代青少年的性格特征，从一个局部来看，内向型的竟然超过了外向型的，这该引起我们的关注和深思。因为内向型的人，存在着一定程度的不利于心理健康的缺陷。所以我们应该尽力去克服与纠正内向型的不利方面，改变保守、胆怯、缓慢、疑虑等消极的内向性格特征，从而更加有胆量、有魄力、勇于进取，不断地去创新、去改革。

心理健康人格篇

偏执型人格障碍

电视剧《渴望》曾经轰动全国，其中王亚茹这一角色人们可能还记忆犹新。王亚茹几乎是观众一致公认的“最没人情味”的人，她自负清高、傲慢不逊、冷漠无情、孤僻多疑、不苟言笑、不善交际、生性嫉妒、执拗刻板；与慧芳、小芳、月娟、刘大妈等人格格不入；对自己的父母及唯一的弟弟，也常常是怒目以对，对待恋人罗刚更是冷若冰霜、不诉情理；就连唯一与她交往的老同学田莉，也常因受不了她那古怪的脾气而几次欲撒手而去……

她，我行我素、随心所欲，说话办事全凭个人意愿及激情冲动，根本不考虑旁人的喜怒哀乐，不考虑别人的感受和社会影响，这几乎使她到了人见人恨的地步，王亚茹的这些行为模式表现出的就是一种典型的偏执型人格。

一、偏执型人格的特点

偏执型人格又叫妄想型人格。其行为特点常常表现为：

(1) 极度地感觉过敏，对侮辱和伤害耿耿于怀；

(2) 思想行为固执死板，敏感多疑、心胸狭隘；

(3) 爱嫉妒，对别人获得成就或荣誉感到紧张不安，妒火中烧，不是寻衅争吵，就是在背后说风凉话，或公开抱怨和指责别人；

(4) 自以为是，自命不凡，对自己的能力估计过高，惯于把失败和责任归咎于他人，在工作和学习上往往言过其实；

(5) 很自卑，总是过多过高地要求别人，但从来不信任别人的动机和愿望，认为别人存心不良；

(6) 不能正确、客观地分析形势，有问题易从个人感情出发，主观片面性大；

(7) 如果建立家庭，常怀疑自己的配偶不忠等。

持这种人格的人在家不能和睦，在外不能与朋友、同事相处融洽，别人只好对他敬而远之。

二、表现特征

为了便于诊断，《心理障碍的诊断与统计手册》（DSM—Ⅲ）中将偏执型人格的特征描述为：

（1）过分敏感。在没有充分依据时，便预期自己会遭人伤害和摧残。

（2）未经证实便怀疑朋友或同事的忠诚与诚实。

（3）从温和的评论和普通的事件中就看出羞辱与威胁的意向。

（4）对嘲笑与羞辱决不宽恕。

（5）不愿信任别人。无端害怕别人会利用他的信任来反击他。

（6）无端自卑。很容易感到自己受轻视，并且立即报以恶眼与反击。

（7）未经证实，便怀疑配偶或性对象的忠实。

以上 7 点特征只要满足了其中 4 点，即可诊断为偏执型人格障碍。

三、心理分析

偏执型人格的人很少有自知之明，对自己的偏执行为持否认态度，因此在社会上人数和比例确实不详。据 1988 年上海市青少年心理卫生调查资料表明，这种人格障碍的人数占心理障碍总人数的 5.8%，实际情况可能要超过这个比例。在调查研究中还发现，偏执型人格障碍患者中以男性较多见，且以胆汁质或外向型性格的人居多。

【病案】

刘某，男，18 岁。高中三年级学生。学习平均成绩 85 分。智力测定智商为 107（属正常范围）。该生经常顶撞班主任，对班集体活动有逆反心理。乍一看，这是该同学思想落后，脾气不好的表现。但经过 SCL—90 量表（即精神卫生自评量表）测定，发现他在“偏执”一项的分值较高，比正常值大 60% 以上。而且“敌对”和“人际关系”分值也颇高，诊断为偏执型人格。在心理咨询时，他说“我这个人对任何人，包括班主任和同学，甚至自己的父母亲，都抱着怀疑态度”，“我常常对别人存在戒心，老是猜疑他们对我不怀好意，看不惯就要顶牛，发脾气”。

四、治疗方法

对偏执型人格障碍的治疗应采用心理治疗为主，以克服多疑敏感、固执、不安全感和自我中心的人格缺陷。主要有以下几种方法：

1. 认知提高法

由于患者对别人不信任、敏感多疑，不会接受任何善意忠告，所以首先要与他们建立信任关系，在相互信任的基础上交流情感，向他们全面介绍其自身人格障碍的性质、特点、危害性及纠正方法，使其对自己有一正确、客观的认识，并自觉自愿产生要求改变自身人格缺陷的愿望。这是进一步进行心理治疗的先决条件。

2. 交友训练法

鼓励他们积极主动地进行交友活动，在交友中学会信任别人，消除不安感。交友训练的原则和要领是：

（1）真诚相见，以诚交心。本人必须采取诚心诚意、肝胆相照的态度积极地交友。要相信大多数人是友好的和比较好的，可以信赖的，不应该对朋友，尤其是知心朋友存在偏见和不信任态度。必须明确交友的目的在于克服偏执心理，寻求友谊和帮助，交流思想感情，消除心理障碍。

（2）交往中尽量主动给予知心朋友各种帮助。这有助于以心换心，取得对方的信任和巩固友谊。尤其当别人有困难时，更应鼎力相助，患难中知真情。这样才能取得朋友的信赖和增进友谊。

（3）注意交友的“心里相容原理”。性格、脾气的相似和一致，有助于心理相容，搞好朋友关系。另外，性别、年龄、职业、文化修养、经济水平、社会地位和兴趣爱好等亦存在“心理相容”的问题。但是最基本的心理相容的条件是思想意识和人生观价值观的相似和一致，所谓“志同道合”。这是发展合作、巩固友谊的心理基础。

3. 自我疗法

具有偏执型人格的人喜欢走极端，这与其头脑里的非理性观念相关联。因此，要改变偏执行为，偏执型人格患者首先必须分析自己的非理性观念。如：

①我不能容忍别人一丝一毫的不忠。

②世上没有好人，我只相信自己。

③对别人的进攻，我必须立即予以强烈反击，要让他知道我比他更强。

④我不能表现出温柔，这会给人一种不强健的感觉。

……

现在对这些观念加以改造，以除去其中极端偏激的成分：

①我不是说一不二的君王，别人对我的不忠应该原谅。

②世上好人和坏人都存在，我应该相信那些好人。

③对别人的进攻，马上反击未必是上策，而且我必须首先辨清是否真的受到了攻击。

④我不敢表示真实的情感，这本身就是虚弱的表现。

每当故态复萌时，就应该把改造过的合理化观念默念一遍，以此来阻止自己的偏激行为。有时自己不知不觉表现出了偏激行为，事后应重新分析当时的想法，找出当时的非理性观念，然后加以改造，以防下次再犯。

4. 敌意纠正训练法

偏执型人格障碍患者易对他人和周围环境充满敌意和不信任感，采取以下训练方法，有助于克服敌意对抗心理。

（1）经常提醒自己不要陷于“敌对心理”的漩涡中。事先自我提醒和警告，处世待人时注意纠正，这样会明显减轻敌意心理和强烈的情绪反应。

（2）要懂得只有尊重别人，才能得到别人尊重的基本道理。要学会对那些帮助过你的人说感谢的话，而不要不疼不痒地说一声“谢谢”，更不能不理不睬。

(3) 要学会向你认识的所有人微笑。可能开始时你很不习惯，做得不自然，但必须这样做，而且努力去做好。

(4) 要在生活中学会忍让和有耐心。生活在复杂的大千世界中，冲突纠纷和摩擦是难免的，这时必须忍耐和克制，不能让敌对的怒火烧得自己晕头转向，肝火旺旺。

分裂型人格障碍

有一位著名的数学家，曾在科研领域作出过卓越的贡献，并以他的名字命名了一数学定理。尽管他在科研事业上出类拔萃，然而他却是一个人格障碍患者。

他性格孤僻内向，成天关在小房间里看书学习，演算公式，攻克难题，几乎谈不上有社会和人际交往。他为人沉默寡言，兴趣索然，生活随便，给人一种“古怪”的印象。40岁左右才在人们的催促下结了婚。结婚时不知如何操办，也不懂家具布设，婚后也不知道上街购买生活用品。

由于过分内向离群，对外界反应不敏捷，社会适应性很差，多次发生车祸，造成严重的后遗症。他所表现出的这些人格特征，心理学上称之为“分裂型人格障碍”。

分裂型人格障碍是日常生活中和医学心理咨询门诊中比较常见的人格障碍。据上海市青少年心理健康调查资料显示，其中分裂型人格障碍占人格障碍总数的29%左右，接近1/3。1975年著名的精神病学家罗逊特指出这种类型的人约占正常人群的7.5%，且男性多于女性。

一、表现特征

《心理障碍的诊断与统计手册》(DSM—Ⅲ) 中对分裂型人格的特征定义为：

(1) 并联观念（排除并联妄想）。

(2) 过度的社会焦虑。例如有陌生人在场时表现出极度不安。

(3) 奇异的信念和想法，或与文化背景不一致的行为。如相信透视力、心灵感应或“第六感觉”、“别人可以体验我的情感”等。

(4) 奇怪的、反常的或特别的行为或外貌。如服饰奇特，不修边幅，行为不合时宜，不符合习俗或目的不明确。

(5) 言语怪异。如离题，用词不当，繁简不当，表达意思不清楚。

(6) 不寻常的知觉体验。如一贯产生错觉、幻觉，看见不存在的人等。

(7) 对人冷淡。甚至对家族亲人也冷淡，缺少对他人的温暖与体贴。

(8) 表情淡漠，缺乏强烈或生动的情感体验。

(9) 几乎是单独活动，主动与

人交往仅限于生活或工作中必需的接触，除一般亲属外无亲密朋友或知己。

只要满足其中5项，即可诊断为分裂型人格障碍。

二、心理分析

从以上的诊断标准可以看出，分裂型人格障碍患者主要表现出缺乏温情，难以与别人建立深切的情感联系，因此，他们的人际关系一般很差。他们似乎超脱凡尘，不能享受人间的种种乐趣，如夫妻间的交融、家人团聚的天伦之乐等，同时也缺乏表达人类细腻情感的能力。故大多数分裂型人格障碍患者独身，即使结了婚，也多以离婚告终。

一般来说，这类人对别人的意见也漠不关心，无论是赞扬还是批评，均无动于衷，过着一种孤独寂寞的生活，其中有些人，可以有些业余爱好，但多是阅读、欣赏音乐、思考之类安静、被动的活动，部分人还可能一生沉醉于某种专业，做出较高的成就。但从总体来说，这类人生活平淡、刻板，缺乏创造性和独立性，难以适应多变的现代社会生活。

这类人的性欲淡漠也颇为突出，他们可称“不近女色”的模范。内心世界极其广阔常常想入非非，但常常缺乏相应的情感内容，缺乏进取心。他们总是以冷漠无情来应付环境，以“眼不见为净”的方式逃避现实，但他们这种与世无争的外表不能压抑内心的焦虑和敌意的痛苦。

分裂型人格的人可以适应人少的工作，如图书馆书库、山地农场林场等，他们更容易从事宗教和过隐居生活，但很难适应人员众多的场合和需要交际的工作。

分裂型人格很容易让人联想起另一个词——“精神分裂症”。一般认为，分裂型人格容易诱发精神分裂症，但一直没有令人信服的证明。有些学者研究表明多数精神分裂症患者病前有分裂型人格，而另一些学者的研究发现，对分裂型人格患者持续观察15～20年后，极少有变为精神分裂症的，分裂型人格的血清中也并无较一般正常族群更多的精神分裂症病的患特征，因此分裂型人格与精神分裂症和遗传的关系尚待证实。

分裂型人格障碍的形成一般与人的早期心理发展有很大关系。人自个体出生以后，有很长一段时间不能独立，需要父母亲的照顾，在这个过程中，儿童与父母的关系占重要地位，儿童就是在与父母的关系中建立自己的早期人格的。

在成长过程中，尽管每个儿童不免要受到一些指责，但只要他感觉到周围有人爱他，就不会产生心理上的偏差。但如果终日不断被骂、被批评，得不到父母的爱，儿童就会觉得自己毫无价值。更进一步，如果父母对子女不公正，就会使儿童是非观念不稳定，产生心理上的焦虑和敌对情绪，有些儿童因此而分离、独立、逃避与父母身体和情感的接触，进而逃避与其他人和事物的接触，这样就极易形成分裂型人格。

三、治疗方法

对分裂型人格障碍的治疗目标是要纠正孤独离群性、情感淡漠和与周围环境的分离性。具体方法有以下几种：

1. 社交训练法

旨在纠正孤独不合群性，一般按照以下步骤进行：

(1) 提高认知能力，懂得孤独不合群、严重内向的危害，自觉投入心理训练。同时讲清训练的方法、步骤、目的和注意事项，要求积极配合实施。

(2) 制定社交训练评分表。自我评分，每天小结，每周总结。8～12周为一疗程。施治者（医生、专业人员、家长等）每周核对记录，并作出评价。

自我评分标准：

0分——训练无变化。

1分——稍有进步，愿意参加社交，与人接触交谈，但接触交谈仍比较勉强和刻板。

2分——明显进步，能够主动与人接触交谈，孤独不合群的倾向改变程度在50%以上。

3分——孤独不合群性基本消失。

(3) 评分计算和奖励措施：每日最低分为0分，最高分为3分，每周最高分为18分。如果以8周为一疗程，总分114分。一般以奖励表扬为主，对每一点滴进步都要加以肯定，并给予强化，以鼓励其自信心，这一点很重要。奖励方式通常可采用现金、代币、赠送喜爱的生活学习用品、允许定期外出旅游等。切忌因为无进步或进步微小而批评责备，以免造成患者心理反感和对自己丧失信心。

(4) 训练内容和目标：训练内容从简到繁，从易到难。开始时由施治者和受训者共同商定，以一位朋友（同学或同事）为交谈对象，每次要求主动与他交谈5分钟，交谈内容和方式不限，逐渐做到主动、自然和比较融洽地随便交谈。进而逐步增加交谈的时间（5分钟增加到20分钟，再增加到30分钟）；对象由1人增加到5人。训练成功后，改变训练内容，鼓励其转向积极参加集体活动，投入现实生活。

2. 兴趣培养法

兴趣是指积极探究某种事物给予优先注意的认识倾向，并具有向往的良好情感。因此兴趣培养有助于克服兴趣索然、情感淡漠的人格。具体做法如下：

(1) 提高认知。要求本人有意识地分析自己，确定积极人生的理想追求目标。应使其懂得这样一个道理：人生是一种情趣无穷的愉快旅程，每一个人都应该像一位情趣盎然的旅行家，像欣赏宇宙万物那样，每时每刻都在奇趣欢乐的道路上旅行，这样才能充满生活乐趣和前进的活力。

（2）社会实践。要创造条件，有意识地接触社会实际生活，扩大接受社会信息量，促使兴趣多样化。

（3）参加兴趣小组活动。这是培养兴趣的较好形式，内容有绘画、歌咏、舞蹈、艺术、体育锻炼、科技活动等。

反社会型人格障碍

反社会型人格也称精神病态或社会病态、悖德性人格等。在人格障碍的各种类型中，反社会型人格障碍是心理学家和精神病学家所最为重视的。

1835年，德国的皮沙尔特（Prichard）首先提出了“悖德狂”这一诊断名称。指出患者出现本能欲望、兴趣嗜好、性情脾气、道德修养方面的异常改变，但没有智能、认识或推理能力方面的障碍，亦无妄想或幻觉。后来“悖德狂”的名称逐渐被“反社会型人格”所代替，如今狭义的人格障碍，即指反社会型人格障碍。

此种人格引起的违法犯罪行为最多，同一性质的屡次犯罪，罪行特别残酷或情节恶劣的犯人，其中1/3～2/3的人都属于此类型人格障碍。其共同心理特征是：情绪的暴发性，行为的冲动性，对社会对他人冷酷、仇视、缺乏好感和同情心，缺乏责任感，缺乏羞愧悔改之心；不顾社会道德法律准则和一般公认的行为规范，经常发生反社会言行；不能从挫折与惩罚中吸取教训，缺乏焦虑感和罪恶感。

一、形成原因

根据精神病学家和心理学家研究的成果来看，产生反社会型人格的主要原因有：早年丧父丧母或双亲离异、养子、先天体质异常、恶劣的社会环境、家庭环境和不合理的社会制度的影响，以及中枢神经系统发育不成熟等。

一般认为，家庭破裂、儿童被父母抛弃和受到忽视、从小缺乏父母亲在生活上和情感上的照顾和爱护，是反社会型人格形成和发展的主要社会因素。儿童被父母抛弃和受到忽视包括2种含义：

①父母对孩子冷淡，情感上疏远，这就使儿童不可能发展人与人之间的温顺、热情和亲密无间的关系。随后儿童虽然形式上学习到了社会生活的某些要求，但对他人的情感移入得不到应有的发展。心理学中所谓情感移入，是指理解他人以及分担他人心情的能力，或从思想情感上把自己纳入他人的心境。

②是指父母的行为或父母对孩子的要求缺乏一致性。父母表现得朝三暮四，喜恶、赏罚无定规，使得孩子

无所适从。由于经常缺乏可效法的榜样，儿童就不可能发展具有明确的自我同一性。

反社会型人格障碍患者对坏人和对同伙的引诱缺乏抵抗力、对过错缺乏内在怨疚心等现象，都是由于他人赏罚的不一致性，本人善恶价值的判断自相矛盾所造成的；他们的冲动性和无法自制某些意愿及欲望，都是由于家庭成员对于自己的行为无原则、不道德、缺乏自制等恶劣榜样造成的。

可见，反社会型人格的情绪不稳定、不负责任、撒谎欺骗，但又泰然而无动于衷的行为，都与家庭、社会环境有重要的关系。

二、表现特征

对反社会型人格的诊断标准，心理学家克莱克利在他的《正常的假面具》中作过描述。他在大量临床经验的基础上，系统地阐述了反社会型人格的16条明显特征：

(1) 外表迷人，具有中等或中等以上智力水平。初次相识给人很好的印象，能帮助别人消除忧烦、解决困难。

(2) 没有通常被认为是精神病症状的非理性和其他表现，没有幻觉、妄想和其他思维障碍。

(3) 没有神经症性焦虑；对一般人的心神不宁感觉不敏感。

(4) 他们是不可靠的人，对朋友无信义，对妻子（丈夫）不忠实。

(5) 对事情不论大小，都无责任感。

(6) 无后悔之心，也无羞耻之感。

(7) 有反社会行为但缺乏契合的动机；叙述事实真相时态度随便，即使谎言将被识破也是泰然自若。

(8) 判别能力差，常常不能吃一堑长一智。

(9) 病态的自我中心，自私，心理发育不成熟，没有爱和依恋能力。

(10) 麻木不仁，对重要事件的情感反应淡漠。

(11) 缺乏真正的洞察力，不能自知问题的性质。

(12) 对一般的人际关系无反应。

(13) 做出幻想性的或使人讨厌的行为。对他人给予的关心和善意无动于衷。

(14) 无真正企图自杀的历史。

(15) 性生活轻浮、随便，方式与对象都与本人不相称。有性顺应障碍。

(16) 生活无计划，除了老是和自己过不去外，没有任何生活规律，没有稳定的生活目的。他们的犯罪行为也是突然迸发的，而不是在严密计划和准备下进行的。

上述这些反社会型人格特征都是在青年早期就出现了，最晚不迟于25岁。

在作出反社会型人格的诊断时，所要考虑的最关键方面是个人对自己的反社会行为的反应。在上述特征中，无责任感和无羞耻心特别重要。反社会型人格障碍患者即使在做了大多数人通常会感到可耻和罪恶的事后，在情感上也无反应。

三、心理分析

临床心理学家还发现，反社会人格障碍患者，在童年时期就有所表现，如偷窃、任性、逃学、离家出走、积习不改、流浪和对一切权威的反抗行为；少年时期过早出现性行为或性犯罪；常有酗酒和破坏公物、不遵守规章制度等不良习惯；成年后工作表现差，常旷工，对家庭不负责任，在外欠款不还，常犯规违法；30 岁以后，大约有 30% ~ 40% 的患者有缓解或明显的改善。

【病案】

李某，男，23 岁。未婚，无业。小学文化程度。自幼顽皮，动辄与家人争吵，摔打东西，有一次吵架时用螺丝刀刺伤其兄。8 岁入学，成绩一直很差，老师多次家访。其母百般袒护，小学四年级时自动退学，终日混迹于火车站，夜不归宿，与一伙坏友鬼混，致使一女青年怀孕后自杀。从小打架扒窃成习，15 岁时因盗窃行为入少管所 3 年，18 岁又因偷窃送劳动教养。19 岁因报复行凶，致人重伤而被判处 6 年有期徒刑。

李某在监狱中表现为不守监规、偷盗仓库，与其他犯人斗殴，辱骂管理人员，劳动时不遵守操作规程，致使一台牛头车床严重损坏，造成停产。某日在挖土时又与另一犯人发生口角，用镢头连击该犯人的面部、腰部，造成其当场昏倒、颧骨骨折。

当晚李某自觉问题严重，即自备方便面、鸡蛋、白糖等向被打伤的犯人赔礼道歉，企图息事宁人。审讯过程中否认有意伤害，到第三次提审时破口辱骂办案人员，并威胁说：“咱走着瞧，就是这次加了刑出去还有见面的时候！”

次日绝食、缄默、裸体、头击铁门。有时又偷吃东西，要同监犯人证明管教干部打了他，给家中母亲写遗书、扬言要自杀。被送来作精神鉴定。

李父系汽车司机，嗜酒，性情暴躁。与同事关系不睦。对子女冷淡，常用木棍、砖块殴打子女。李母性格刁泼，常与邻居吵架。哥自幼患癫痫，性格怪僻，有偷窃习惯，对家人凶狠。后经检查，李某神经系统无异常，脑电图正常，无精神障碍。在药物催眠状态下小声说话。长吁短叹，感到冤枉。说被打的犯人是他平素最尊敬的，不是有意去伤害他，是他自己跌伤的。却反咬一口怪是他打的。否认自己重新犯罪，否认有精神病。

这是一个典型的反社会型人格障碍实例。

四、治疗方法

由于反社会型人格障碍的病因相当复杂，目前对此症的治疗尚缺乏十分有效的方法。如使用镇静剂和抗精神类药物治疗，只能治标不治本，且疗效不显著；而心理治疗对那些由于中枢神经系统功能障碍而成为反社会型人格的患者又毫无作用。但在实践中发现，对那些由于环境影响形成的、程度较轻的患者，实施认知领悟疗法有一定疗效。施治者可帮助患者提高认识，了解自己的行为对社会的危害，培养患者的责任感，使他们担负起对家庭、对社会的责任；提高患者的道德意识和法律意识，使他们明白什么事可以做，什么事不能做，努力增强控制自己行为的能力。这些措施对减少患者的反社会行为不失为有效的方法。

少数家庭关系极为恶劣而与社会相处尚可的患者，可以在学校或机关住集体宿舍或到亲友家寄养，以减少家庭环境的负面影响，同时培养其独立生活的能力。个别威胁家庭与社会安全的反社会型人格障碍患者，可送入少年工读学校或成人劳动教养机构，参加劳动并限制其自由。对情节特别恶劣、屡教不改的患者，如上述病例中的李某，可采用行为治疗中的厌恶疗法。当患者出现反社会行为时，经予强制性的惩罚（如电击、禁闭等），使其产生痛苦的体验，实施多次以后，患者一产生反社会行为的冲动，就感到厌恶，全身不舒服，通过这样减少其反社会的行为。然后根据其行为矫正的实际表现，放宽限制，逐步恢复其正常家庭生活与社会生活。

回避型人格障碍

佛教中有“出世”与“入世”之说，所谓“出世”即指远离人世，戒断人伦常情，方可修得正果；而“入世”则指普度众生。古往今来，许多人为了解脱痛苦，遁入了空门，成为心如枯木死灰或孤傲冷僻的隐居者。从现代心理学的角度来看，那些遁迹荒野、不食人间烟火的隐居者们则很可能属于回避型人格的人。在现代社会中，隐居者已很难找到一块清静的乐土，于是，他们往往关闭自己的心灵，不与他人作亲密的接触，唯求自安。值得注意的是，渴望一种有意义的孤独与暂时的回避人世并非一种病态，相反，真正具有回避型人格的人并不敢深入到自己心灵的内部去，他们的回避带有强迫性、盲目性和非理智性等特点。

一、表现特征

回避型人格又叫逃避型人格，其最大特点是行为退缩、心理自卑，面对挑战多采取回避态度或无能力应付。《心理障碍的诊断与统计手册》（DSM—Ⅲ）中对回避型人格的特征定义为：

（1）很容易因他人的批评或不赞同而受到伤害。

（2）除了至亲之外，没有好朋友或知心人（或仅有一个）。

(3) 除非确信受欢迎，一般总是不愿卷入其他人事务之中。

(4) 行为退缩，对需要人际交往的社会活动或工作总是尽量逃避。

(5) 心理自卑，在社交场合总是缄默无语，怕惹人笑话，怕回答不出问题。

(6) 敏感羞涩，害怕在别人面前露出窘态。

(7) 在做那些普通的但不在自己常规之中的事时，总是夸大潜在的困难、危险或可能的冒险。

只要满足其中的4项，即可诊断为回避型人格障碍。

有回避型人格障碍的人被批评指责后，常常感到自尊心受到了伤害而陷于痛苦，且很难从中解脱出来。他们害怕参加社交活动，担心自己的言行不当而被人讥笑讽刺，因而，即使参加集体活动，也多是躲在一旁沉默寡言。在处理某个一般性问题时，他们往往也表现得瞻前顾后，左思右想，常常是等到下定决心，却又错过了解决问题的时机。

在日常生活中，他们多安分守己，从不做那些冒险的事情，除了每天按部就班地工作、生活和学习外，很少去参加社交活动，因为他们觉得自己的精力不足。这些人在单位一般都被领导视为积极肯干、工作认真的好职员，因此，经常得到领导和同事的称赞，可是当领导委以重任时，他们却都想方设法推辞，从不接受过多的社会工作。

回避型人格障碍的行为退缩性与分裂型人格障碍的行为退缩性不同：前者并不安于或欣赏自己的孤独，不与人来往并非出于自己的心愿，他们行为的退缩源于心理的自卑。想与人来往，又怕被拒绝、嫌弃；想得到别人的关心与体贴，又因害羞而不敢亲近。

二、心理分析

回避型人格形成的主要原因是自卑心理。心理学家认为，自卑感起源于人的幼年时期，由于无能而产生的不胜任和痛苦的感觉，也包括一个人由于生理缺陷或某些心理缺陷（如智力、记忆力、性格等）而产生的轻视自己、认为自己在某些方面不如他人的心理。具体说来，自卑感的产生有以下几方面原因：

1. 自我认识不足，过低估计自己

每个人总是以他人评价来认识自己，如果他人对自己作了较低的评价，特别是较有权威的人的评价，就会影响对自己的认识，从而低估自己。有人发现，性格较内向的人，多愿意接受别人的低评价而不愿接受别人的高评价；在与他人比较的过程中，也喜欢拿自己的短处与他人的长处比，这样越比越泄气，越比越自卑。

2. 消极的自我暗示抑制了自信心

当每个人面临一种新局面时，首先都会自我衡量是否有能力应付。有

的人会因为自我认识不足，常觉得“我不行”、由于事先有这样一种消极的自我暗示，就会抑制自信心，增加紧张，产生心理负担，工作效果必然不佳。这种结果又会形成一种消极的反馈作用，影响以后的行为，这样恶性循环，使自卑感进一步加重。

3. 挫折的影响

有的人由于神经过程的感受性高而耐受性低，轻微的挫折就会给他们以沉重的打击，变得消极悲观而自卑。

此外，生理缺陷、性别、出身、经济条件、政治地位、工作单位等都有可能是自卑心理产生的原因。这种自卑感得不到妥善消除，久而久之就成了人格的一部分，造成行为的退缩和遇事回避的态度，形成回避型人格障碍。

【病案】

刘某，男，29岁，在某服装公司工作。平时，他在工作中积极肯干，任劳任怨，唯恐自己工作不好而受到领导和同事的批评指责，可最近，单位发生了两件事情，使他终日无精打采，什么也干不了，就连完成自己的本职工作也非常吃力。

第一件事情是，单位新分配来一批服装设计学校的毕业生，他们非常出色。服装设计款式新颖，裁剪缝纫迅速。他便觉得自己的能力不行，思想跟不上潮流，担心自己的工作是否会被他们挤掉。从此，这种想法总在脑子里浮现，整日忐忑不安，不知如何是好。

第二件事情是，前几日单位领导告诉他，公司准备派他到外单位学习新技术。听到消息后，他更是担心将来学习回来后会失去现有的工作环境，并且却怀疑自己的能力，害怕自己学不好，完不成任务而被人笑话。为此事他左思右想，最后他终于找了个借口，向领导提出放弃这个学习机会。

这两件事情使他心烦意乱，不能正常工作和生活。虽然他多次试图使自己的注意力转移，可是怎么也办不到，近来反而越来越重，内心十分痛苦。他对医生说：“我自尊心很强。生怕别人的批评指责，所以在各方面都严格要求自己。我不爱参加集体活动，害怕别人嘲笑。在众人面前我十分拘谨、不自然。其实，我知道自己性格不好，也想找几个朋友一起玩玩，可总怕被别人拒之门外，遭到嫌弃。我害怕遇事，比如工作中出现了什么问题，本来自己可以解决，可我总担心自己是否有能力，因此工作中缩手缩脚。我这种自卑心理，总也改不了，它影响了我的工作和生活，尤其是最近这两件事情，给我造成了很大的痛苦。”

这位服装公司的职工，就是一名典型的回避型人格障碍患者。

三、治疗方法

对这类人格障碍的治疗，可以从

以下几方面着手：

1. 消除自卑感

（1）要正确认识自己，提高自我评价。形成自卑感的最主要原因是不能正确认识和对待自己，因此要消除自卑心理，须从改变认识入手。要善于发现自己的长处，肯定自己的成绩，不要把别人看得十全十美，把自己看得一无是处，认识到他人也会有不足之处。只有提高自我评价，才能提高自信心，克服自卑感。

（2）要正确认识自卑感的利与弊，提高克服自卑感的自信心。有的人把自卑心理看作是一种有弊无利的不治之症，因而感到悲观绝望，这是一种不正确的认识，它不仅不利于自卑心理的消除，反而会加重。心理学家认为，自卑的人不仅要正确认识自己各方面的特长，而且要正确看待自己的自卑心理。自卑的人往往都很谦虚，善于体谅人，不会与人争名夺利，安分随和，善于思考，做事谨慎，一般人都较相信他们，并乐于与他们相处。指出自卑者的这些优点，不是要他们保持自卑，而是要使他们明白，自卑感也有其有利的一面，不要因自卑感而绝望，认识这些优点可以增强生活的信心，为消除自卑感奠定心理基础。

（3）要进行积极的自我暗示，自我鼓励，相信事在人为。当面临某种情况感到自信心不足时，不妨自己给自己壮胆："我一定会成功！一定会的！"或者不妨自问："人人都能干，我为什么不能干？我不也是人吗？"如果怀着"豁出去了"的心理去从事自己的活动，事先不过多地体验失败后的情绪，就会产生自信心。

2. 克服人际交往障碍

回避型人格的人都存在着不同程度的人际交往障碍，因此必须按梯级任务作业的要求给自己定个交朋友的计划。起始的级别比较低，任务比较简单，以后逐步加深难度。例如：

（1）第一星期，每天与同事（或邻居、亲戚、室友等）聊天 10 分钟。

（2）第二星期，每天与他人聊天 20 分钟，同时与其中某一位多聊 10 分钟。

（3）第三星期，保持上周的交友时间量，找一位朋友作不计时的随意谈心。

（4）第四星期，保持上周的交友时间量，找几位朋友在周末小聚一次，随意聊天，或家宴，或郊游。

（5）第五星期，保持上周的交友时间量，积极参加各种思想交流、学术交流、技术交流等。

（6）第六星期，保持上周的交友时间量，尝试去与陌生人或不太熟悉人交往。

一般来说，上述梯级任务看似轻松，但认真做起来并不是一件轻松的事。最好找一个监督员，让他来评定执行情况，并督促坚持下去。其实，第六星期的任务已超出常人的生活习惯，但作为治疗手段，以在强度上超出常规生活是适宜的。

在开始进行梯级任务时，你可能会觉得艰难，也可能觉得毫无趣味，这些都要尽量设法克服，以取得良好的治疗效果。

依赖型人格障碍

在幼儿园里，我们通常可以发现有那么几个孩子，每次家长带他们到幼儿园时，总要哭闹一场，痛苦得犹如生离死别。在学校里，也有恋家特别严重以至于无法住集体宿舍的学生，这些孩子对家长期过分地依赖。许多家长过分迁就孩子，孩子也乐得完全依赖父母，父母一不在身边，便会手足无措，大哭大闹。久而久之，就会形成依赖型人格障碍。

一、表现特征

依赖型人格障碍是生活中较常见的人格障碍。《心理障碍的诊断与统计手册》（DSM—Ⅲ）中将依赖型人格的特征定义为：

（1）在没有从他人处得到大量的建议和保证之前，对日常事物不能做出决策。

（2）无助感。让别人为自己作大多数的重要决定，如在何处生活，该选择什么职业等。

（3）被遗弃感。明知他人错了，也随声附和，因为害怕被别人遗弃。

（4）无独立性，很难单独展开计划或做事。

（5）过度容忍，为讨好他人甘愿做低下的或自己不愿做的事。

（6）独处时有不适和无助感，或竟尽全力以逃避孤独。

（7）当亲密的关系中止时感到无助或崩溃。

（8）经常被遭人遗弃的念头所折磨。

（9）很容易因未得到赞许或遭到批评而受到伤害。

只要满足上述特征中的5项，即可诊断为依赖型人格障碍。

二、心理分析

依赖型人格对亲近与归属有过分的渴求，这种渴求是强迫的、盲目的、非理性的，与真实的感情无关。依赖型人格的人宁愿放弃自己的个人趣味、人生观，只要他能找到一座靠山，时刻得到别人对他的温情就心满意足了。依赖型人格的这种处世方式使得他越来越懒惰、脆弱，缺乏自主性和创造性，由于处处委曲求全，依赖型人格障碍患者会产生越来越多的压抑感，这种压抑感阻止着他为自己干点什么或有什么个人爱好。

1. 依赖型人格障碍的特点

心理学家霍妮在分析依赖人格时，指出这种类型的人有几个特点：

（1）深感自己软弱无助，有一

种“我多渺小可怜”的感觉。当要自己拿主意时，便感到一筹莫展，像一只迷失了港湾的小船，又像失去了教母的灰姑娘。

(2) 理所当然地认为别人比自己优秀，比自己有吸引力，比自己更高明。

(3) 无意识地倾向于以别人的看法来评价自己。

依赖型的人格源于人类发展的早期。幼年时期儿童离开父母就不能生存，在儿童印象中保护他、养育他、满足他一切需要的父母是万能的，他必须依赖他们，总怕失去了这个保护神。这时如果父母过分溺爱，鼓励子女依赖父母，不让他们有长大和自立的机会，以致久而久之，在子女的心目中就会逐渐产生对父母或权威的依赖心理，成年以后依然不能自主。缺乏自信心，总是依靠他人来做决定，终身不能负担起选择采纳各项任务、工作的责任，形成依赖型人格。

2. 故事分析

生活中这样的例子屡见不鲜，有一个家喻户晓的民间故事极具代表性。

有一对夫妇晚年得子，十分高兴，把儿子视为掌上明珠，捧在手上怕飞，含在口里怕化，什么事都不让他干，儿子长大以后连基本的生活也不能自理。一无，夫妇要出远门，怕儿子饿死，于是想了一个办法，烙了一张大饼，套在儿子的颈上，告诉他想吃时就咬一口。等他们回到家里时儿子已经饿死了，原来他只知吃颈前面的饼，不知道把后面的饼转过来吃。

这个故事讥讽得未免有些刻薄，但现实生活中类似的现象也不能说没有，特别是如今大多数家庭都是独生子女，父母、爷爷奶奶、外公外婆都视之为宝贝，孩子的日常生活严重依赖亲人，造成长大以后生活自理能力极差。

某报曾载有个学生考取了出国留学生，但该生一想到出国后没人给他洗衣，没人照顾他的生活就感到恐惧，最后只好放弃出国机会的事。据天津市少工委对 1500 名中小学生的调查，其中 51.9% 的学生长期由家长整理生活用品和学习用具；有 74.4% 的学生在生活和学习上离开父母就束手无策；只有 13.4% 的学生偶尔做些简单家务，情况实在令人担忧。

从以上分析可知，目前独生子女教育如果不抓紧抓好，有些孩子很可能会形成依赖型人格，从小的方面讲影响了个人的前途，从大的方面讲则是影响一代人的发展乃至整个国家的命运。

三、治疗方法

对信赖型人格障碍的治疗，可以采用如下方法：

1. 习惯纠正法

依赖型人格的依赖行为已成为一

种习惯，道德必须破除这种不良习惯。清查一下自己的行为中哪些是习惯性地依赖别人去做，哪些是自作决定的。你可以每天做记录，记满一个星期，然后将这些事件按自主意识强、中等、较差分为三等，每周一小结。

对自主意识强的事件，以后遇到同类情况应坚持自己做。例如某一天按自己的意愿穿鲜艳衣服上班，而不要因为别人的闲话而放弃直到自己不再喜欢穿这类衣服为止。这些事情虽然很小，但正是你改正不良习惯的突破口。

对自主意识中等的事件，你应提出改进的方法，并在以后的行动中逐步实施。例如，在制订工作计划时，你听从了朋友的意见，但对这些意见你并不欣赏，便应把自己不欣赏的理由说出来，说给你的朋友听。这样，在工作计划中便掺入了你自己的意见，随着自己意见的增多。你便能从听从别人的意见逐步转为完全自作决定。

对自主意识较差的事件，你可以采取诡控制技术逐步强化、提高自主意识。诡控制法是指在别人要求的行为之下增加自我创造的色彩。例如，你从爱人的暗示中得知她喜欢玫瑰花，你为她买一枝花，似乎有完成任务之嫌。但这类事情的次数逐渐增多以后，你会觉得这样做也会给自己带来快乐。你如果主动提议带爱人去植物园度周末，或带爱人去参观插花表演，就证明你的自主意识已大为强化了。

依赖行为并不是轻易可以消除的，一旦形成习惯，你会发现要自己决定每件事毕竟很难，可能会不知不觉地到老路上去。为防止这种现象的发生，简单的方法是找一个监督者，最好是找自己最依赖的那个人。

2. 重建自信法

如果只简单地破除了依赖的习惯，而不从根本上找原因，那么依赖行为也可能复发。重建自信法便是从根本上加以矫治依赖型人格障碍。

(1) 消除童年不良印迹。依赖型的人缺乏自信，自我意识十分低下，这与童年期的不良教育在心中留下的自卑痕迹有关。你可以回忆童年时父母、长辈、朋友对自己说过的具有不良影响的话，例如："你真笨，什么也不会做"，"瞧你笨手笨脚的，让我来帮你做"，等等，你把这些话语仔细整理出来，然后一条一条加以认知改造，并将这些话语转告给你的朋友、亲人，让他们在你试着干一些事情时，不要用这些话语来指责你，而要热情地鼓励、帮助你。

(2) 重建勇气。你可以选做一些略带冒险性的事，每周做一项，例如：独自一人到附近的风景点做短途旅行；独自一人去参加一项娱乐活动或一周规定一天"自主日"，这一日不论什么事情，决不依赖他人。通过做这些事情，可以增加你的勇气，改变你事事依赖他人的弱点。

自恋型人格障碍

古希腊有一个神话故事，讲一位英俊的少年叫纳喀索斯。一天，他于水中发现了自己的影子，便一见倾心，再无心恋及他人他事，在水边依依不忍离去，终于憔悴而死，后来，心理学上便以纳喀索斯的名字来命名自恋症。

一、表现特征

对自恋型人格障碍的诊断，目前尚无完全一致的标准。《心理障碍的诊断与统计手册》（DSM—Ⅲ）中对其特征有如下定义：

（1）对批评的反应是愤怒、羞愧或感到耻辱（尽管不一定当即表露出来）。

（2）喜欢指使他人，要他人为自己服务。

（3）过分自高自大，对自己的才能夸大其辞，希望受人特别关注。

（4）坚信他关注的问题是世上独有的，不能被某些特殊的人物了解。

（5）对无限的成功、权力、荣誉、美丽或理想爱情有非分的幻想。

（6）认为自己应享有他人没有的特权。

（7）渴望持久的关注与赞美。

（8）缺乏同情心。

（9）有很强的嫉妒心。

只要出现其中的5项，即可诊断为自恋型人格障碍。

二、心理分析

自恋型人格在许多方面与癔症型人格的表现相似，如情感戏剧化：有时还喜欢性挑逗等，二者的不同之处在于，癔症型人格的人性格外向、热情，而自恋型人格的人性格内向、冷漠。下面让我们来看一封自恋型人格的人写给医生的信，这是哈特考列斯（Hartocollis）在1980年的一篇报告中介绍的：

“如果我过分接近某人，我会产生彻底占有他的念头。我希望那人每分每秒与我在一起，可一旦他真的这样做，我又感到十分不舒服，因为我恐怕他会批评我，会不喜欢我……”

从这封信中可以看出自恋型人格的自我中心特点。这种人大多表现为自我重视、夸大、缺乏同情心、对别人的评价过分敏感等。他们一听到别人的赞美之辞，就沾沾自喜，反之，则会暴跳如雷。他们对别人的才智十分嫉妒，有一种“我不好，也不让你好”的心理。在和别人相处时，很少能设身处地理解别人的情感和需要。由于缺乏同情心，所以人际关系很糟，容易产生孤独抑郁的心情，加之他们有不切实际的高目标，往往易在各方面遭受失败。

【病案】

“我是一名文学专业的研究生，从小学到大学，我一切顺利。大学毕业后，又被推荐上了研究生。但最近，我发现自己陷入困境，我很难念完博士学位。

前不久，我写了篇论文。我认为那是篇很有价值的论文。我相信，它会在文学界产生极大的轰动，并会产生深远的影响。但我写到2/3时，却很难进行下去。因为我的导师们对我的文章大不以为然，而且，还软磨硬施，阻碍它早日成稿。我知道，他们是在妒贤嫉能，他们怕我的文章出来后，自己脸上无光。其实，这正说明他们固步自封。不过，我会尽力而为，用行动证明自己能超越他们。

还有一件事令我苦恼。近来我严重失眠。常在床上翻来覆去睡不着，本来平时和女友关系还可以，近来却很紧张，这些情况，不知怎么回事，希望得到您的帮助。”

这是一位咨询者的来信。

为了更清楚了解这位青年，并尽可能给他一些指导，医生去了封信，约他来谈一次。

他是和女友一起来的，双方的谈话是从他那篇论文谈起的。一触及此，他便眉飞色舞，似乎正在万人会场上，慷慨陈词，表达自己的观点。

施治者：“你有孤独的时候吗?”

求治者：“我一直在孤独中。不过，这没关系，我知道，有成就的人总是孤独的。”

施治者：“你和女友关系怎样?”

求治者：“不怎样。和女人相处，只是一种调节剂，不会有太大的收获。”对此，他毫不隐瞒。

于是，施治者请他到外面稍等片刻，请他的女友进来，侧面了解一些情况。

据其女友说，在她以前，他曾结交过好几个女孩子，但不知什么缘故，谈的时间不长，一个个都离他而去了。“我同他认识时间也不长，开始他似乎对我很迷恋，但不到两个月，便逐渐冷淡我。现在，我越来越受不了他那种盛气凌人的气势了。”据她说，他在学校里，总是独来独往，连元旦联欢时，也没有人愿同他搭话，他也不理别人。

恰巧有个机会，施治者了解到这个研究生的其他情况，据反映他那篇被他吹成惊世之作的论文，后来勉强完成了，但他的导师和其他几位教授都认为，那是一篇平庸之作，既无新的见解，论述也不够全面。他的同学也反映，他这人极无涵养，总是以一种高高在上的优越感与人相处，令人难以接受。稍有不如别人的时候，便会妒性大发，或把别人贬得一文不值。

上面那位研究生，就是一位自恋型人格障碍患者。

三、治疗方法

对自恋型人格障碍的治疗，一般可采用以下方法：

1. 解除自我中心观

自恋型人格的最主要的特征是自我中心，而人生中最为自我中心的阶段是婴儿时期。由此可见，自恋型人格障碍患者的行为实际上退化到了婴儿期。朱迪斯·维尔斯特在他的《必要的丧失》一书中说道："一个迷恋于摇篮的人不愿丧失童年也就不能适应成人的世界"。因此，要治疗自恋型人格，必须了解那些婴儿化的行为。你可把自己认为讨人厌的人格特征和别人对你的批评罗列下来，看看有多少婴儿期的成分。例如：

①渴望持久的关注与赞美，一旦不被注意便采用偏激的行为。

②喜欢指使别人，把自己看成"太上皇"。

③对别人的好东西垂涎欲滴，对别人的成功无比嫉妒。

……

通过回忆自己的童年，你可发现以上人格特点在童年便有其原型。例如：

①总是渴望父母关注与赞美，每当父母忽视这一点时，便要无赖、捣蛋或做些异想天开的动作以吸引父母的注意。

②童年时衣来伸手，饭来张口，父母是"仆人"。

③总想占有一切，别的小朋友有的，自己也想有。

……

明白了自己的行为是童年幼稚行为的翻版后，你便要时常告诫自己：

①我必须努力工作，以取得成绩来吸引别人的关注与赞美。

②我不再是儿童了，许多事都要自己动手去做。

③每个人都有属于自己的好东西，我要争取我应得到的，但不嫉妒别人应得的。

还可以请一位和你亲近的人作为你的监督者，一旦你出现自我中心的行为，便给予警告和提示，督促你及时改正。通过这些努力，自我中心观是会慢慢消除的。

2. 学会爱别人

对于自恋型的人来说，光抛弃自我中心观念还不够，还必须学会去爱别人，唯有如此才能真正体会到放弃自我中心观是一种明智的选择，因为你要获得爱首先必须付出爱。弗洛姆在他的《爱的艺术》一书中阐述了这样的观点：幼儿的爱遵循"我爱因为我被爱"的原则；成熟的爱遵循"我被爱是因为我爱"的原则；不成熟的爱认为"我爱你因为我需要你"；成熟的爱认为"我需要你因为我爱你"。维尔斯特认为，通过爱，我们可能超越人生。自恋型的爱就像是幼儿的爱，不成熟的爱。因此，要努力加以改正。

生活中最简单的爱的行为便是关心别人，尤其是当别人需要你帮助的时候。当别人生病后及时送上一句问候，病人会真诚地感激你；当别人在经济上有困难时，你力所能及地解囊相助，便自然会得到别人的尊敬。只要你在生活中多一份对他人的爱心，你的自恋症便会自然减轻。

心理健康方法篇

简述心理疗法

在中国古代医学典籍里就曾指明了，心理因素既可以使人发生疾病，同时也可以治疗疾病及指出其原因等。比如说："心者，五脏六腑之主也……故悲哀忧愁则心动；心动，则五脏六腑皆摇。"就把心理因素可以导致心理疾病事实讲得很清楚。

一、心理疾病

现代精神医学临床诊断的大量统计，已经完全证实了我国古代医学这种论断的科学可靠性。例如，调查研究表明，在经历过"人生剧变"的人们当中，发病率为4/5；而在未经剧变、挫折的人中，发病率只有1/3。丧失眷属者的发病死亡率，要比正常人高出7倍。

日本一位医生统计内科患者，其中包括恐癌症患者在内，大约有44.6%是属于因心理因素致病的患者。美国一位医生统计，在一般临床中，大约有50%的症状是心理性的，或者是伴有大量心理因素的。这两位医生统计的百分比数字，很相接近。这也就是说，在内科病患者当中，大约有1/2的人，是由于心理因素而致病的。

另外，大量观察和调查证实，积极的情绪、完善的人格、和谐的人际交往、开朗的性格、清晰的思路等，已不容置疑地被认为有助于防病、抗病和健康、长寿。古今中外的许多病例证实，有些病症单靠药物是无法治愈的。比如焦虑性神经症，它的致病原因既和一个人的性格特征有关系，又有精神因素的原因，因而单靠药物治疗便很难奏效。

有些病症根本不需要药物治疗，采用心理疗法就可以"不医而愈"地康复。比如，运动员们在比赛的关键时刻，怎样才能很好地解决心理压力的问题，就不是单凭药物所能解决的。

我国跳水名将陈肖霞，在第五届全运会上获得全能和十米跳台比赛两枚金牌后回忆说，在全运会前，她因为能够排除烦躁不安等心理障碍，所以顺利了参加比赛；出国乘坐飞机途中，她因为能够应用调整呼吸和放松技术，所以消除了呕吐现象；去比赛场地途中，她因为能够运用“呼吸守点”（只看一个固定目标）方法，所以消除了过去头痛晕车的毛病。这一切，都是她接受心理训练后所取得的明显效果。

2007年9月19日《北京晚报》“科学长廊”栏，刊登了一封读者来信。信里讲道：“我曾（求答）治疗眼睛不会转动的病。信刊登后有7位医生给我提供疗法和药方。……鲜鱼口的张智忠大夫认为我的眼睛没有毛病，我的患病心理是由于精神忧郁造成的。平时，我总是自我怀疑眼睛有病，张大夫使我走出了迷宫，我现在精神好多了，也不感觉眼睛有病了。”这位读者的“病”，就是只用心理治疗达到治愈目的之又一例证。

二、心理疗法

那么，究竟什么是“心理疗法”呢？

心理疾病的治疗方法，按照它的做法，大体上可以分为2大类：①心理治疗法，可以简称为心理治疗。这种治疗方法不是用药物去治疗，而是根据心理学的原则改变心理失常人的行为，让他们的心理恢复正常的状态；②身体治疗法，可以简称为生理治疗。这种治疗方法是根据生理学的原则，用药物或其他物理、化学的方法，改变心理失常人的行为，让他们的心理恢复正常的状态。现在我们要讨论的，主要是第一类方法，也就是心理治疗法。

1. 心理治疗法的分类

①心理分析治疗法。这种治疗方法不是以心理失常人表现于外部的外显症状，作为诊断和治疗的目标，而是只把外显症状作为线索，来探求追查他（她）所潜隐的心理问题。这种疗法认为，患者内心深处潜藏隐状的问题一旦被揭露出来，而且患者本人能够自己接受和了解这种隐私的病因之后，他们心理失常的原因就可以被找出，这样，就可以在思想上豁然开朗，病也就会“豁然痊愈”。

你听说过“打扫烟筒”疗法吗？把心理疾病比喻为堵塞了的烟筒，用谈话等办法，使患者“清扫”干净心中的积郁和烦闷，吐露出隐藏在内心深处的思想问题，使他们解除思想疙瘩，豁然觉悟、茅塞顿开，病也就立刻好了。这种俗话讲的“打扫烟筒”疗法，就是心理分析法。心理学上把这一种心理分析治疗法又叫做“顿悟治疗法”，其道理也就在这里。

②行为治疗法。这种心理治疗方法和上面讲的心理分析治疗法正好相反，它是直接地以心理失常患者表现于外部的、失常行为的外显症状作为治疗的目标，给以直接治疗。这是因为行为疗法者认为，人们的一切心理疾病或者反常的病态心理，必然地要在身体的外部行为上，表现出与其相应的各种症状来。这些身体外部症状

就是某种异常（失常）的行为。而这些异常行为正是“病人”对周围环境不协调的表现。行为疗法认为，异常行为是可以通过学习来进行调整和改变的。因此，行为疗法工作者们又把他们的这种心理疗法叫做“行为矫正疗法”。

2. 心理疗法分析

行为疗法是一种新兴的疗法，它比起古老的心理分析法来，有很多先进之处。行为疗法的指导思想是：把人看作为一个整体，大脑的高级神经活动支配人这个整体，因此，每个人都可以通过学习，自己控制自己，改变、调节自己的一切行为。而通过学习调整了行为，就可以使身体的生理状态和周围环境保持平衡、稳定的状态。这个原理经过医疗实践，证实确实有效，于是就创建了这门新兴的行为疗法。行为疗法在美国现在很时髦，因为行为主义心理学在美国现在依然有广泛的影响。

不过，行为疗法是有缺陷的。那就是这种疗法，过分偏重于依靠行为上的矫正来治疗病态行为和心理疾病，从而忽视了人的认识作用。实践表明，如果不解决病人认识上的问题，而单靠行为上的矫正，是不能从根本上治疗好一些心理疾病和失常行为的。

除了上述两类主要的心理治疗方法以外，还有很多常用的其他方法。

3. 选择合适需要的疗法

这些行之有效的具体方法，对治疗心理疾病和保持心理健康都有一定的帮助。至于究竟哪一种方法最好，这就不好讲了。因为任何方法都不是唯一决定治疗成败的因素，比如说，年龄不同、性别不同、患病的时间长短不同、患者每个人人格特质不同等，都是影响治疗成败的重要因素，而且这些因素又很难加以人为地控制。但是，有一个大家都公认的“秘方”，那就是防止心理疾病或者说防止心理失常的最有效的方法，是经常地保持心理健康。

心理疗法之所以能够生效，就是因为通过意识的能动作用，可以对于行为活动加以控制，通过人格可以对整个身心加以调整，通过情绪状态可以对机体加以协调影响。这样，每个人就可以保持主观的个体和客观的环境之间、生理与心理之间、自己和他人之间的稳定和平衡，从而使身心更加健康起来。

心理疗法在近半个世纪以来，已经被人们普遍公认为是行之有效的医治疾病的方法，它甚至可以解决医学上很多老大难的顽症痼疾，收到常规医疗措施所不能比拟的效果。

心理治疗通过影响患者的心理活动，可以有效地矫正一些异常行为，比如，精神失常、犯罪行为、不守纪律、不肯学习，甚至说谎、口吃、遗尿、吮指等怪癖恶习。所以它在各国盛行起来，被广泛加以应用，并且逐渐摸索出了多种多样的心理治疗的具体形式。比如，音乐治疗、催眠暗示、生物反馈、行为矫正、心理咨询等。在这些具体方法中，我们将选择一些行之有效、“屡建奇功”而又简便易行和适合当前我国国情的方法、技术，介绍给青年朋友。

三、心理疗法的运用

当你运用各种心理疗法时，都需注意一点：“心理疗法”并不是单一式的、对症下药式的“对症疗法”，而是各种因素、方面配合起来的综合疗法。因为心理疗法的总目标，是改变一个人的属于病态心理的人格。

这是因为很多患有心理疾病的人，往往是由于从幼小的时候起，在人格发展上有缺陷，不能很好地适应周围环境，于是就会引起各种精神上的症状和反常行为。而这些症状和行为又都不是生理上的病变，而是人格缺陷所造成的。心理疗法的任务，就是想方设法弥补他们的人格缺陷，使他们的人格不断地充实、丰富和完善化。比如，心理咨询，就是由医生和社会心理学工作者们联合起来，综合研究病态心理的起因和治疗方法，帮助心理疾病患者的人格完善起来。

当然，心理疗法绝不是“万能”的。心理疗法曾经一度被人们误解为唯心的，甚至被歪曲为“挂着科学招牌的迷信”，其中一个重要的原因，就是把心理疗法的作用、疗效，说得过了头，弄得神乎其神、不切实际。

如果你进行自我治疗时，应当注意：

(1) 要对心理疗法充满信心。你可以先不去考虑它们的疗效究竟会是怎么样，但是确信试试看总会有益无害，这样的自我暗示作用本身就是心理治疗。

(2) 坚持“治疗”下去，持之以恒，不要因为很快就收到疗效而停止；也不要因为还看不出成效就中断。“坚持”本身可以使你磨练意志，它本身也是心理治疗。

(3) 如果某一方法收效不大，或看不出什么显著的效果，那就不妨改用另一种方法。也可以几种方法交替使用，或者同时使用。

如果你扮演“医生”的角色，对你的朋友、伙伴、亲人进行心理治疗时，你应当注意：要让对方对你产生信任感、亲切感和安全感，你首先应该设法使他们增强治愈的信心和决心，对他们多加体贴和鼓励，在相互思想沟通交流的气氛中进行心理治疗。俗话说：“心病还需心药医。”

对于心理疾病患者，除了适当用药之外，还要有针对性地做好他们的思想工作，帮助他们用自己的意志和理智去战胜疾病。无论是谈话，或者是帮助他们采用一些具体的心理疗法时，从语言到表情，都要避免种种不良的暗示。你既不能急躁、急于求成，也不要厌烦、灰心。

“冥想放松”心理疗法

我国年轻的小提琴家胡坤，在1980年11月第四届西贝柳斯国际小提琴比赛中获奖后，突然左手患了严重的“职业病”，全手麻木、无名指不能活动，他的手指再不能在4根银弦上演奏出美妙动听的旋律了。他那颗痛苦的心像坠进了一口没底的深井，到处求医，不见效果。后来经过医学心理学工作者的指点，解除了思想上的紧张状态，做到心理放松，开始从头练起，3个月后又能熟练地演奏他已停拉了3年的过去能演奏的所有乐曲。

一、“冥想放松法”的原理

胡坤所接受的疗法，就是“冥想放松法”。这种方法，对保持心理健康能够奏效的理论依据，大体上和我国的“气功”、印度的“瑜伽术”是如出一辙的：闭目守静，把精神集中到一点，造成大脑里的一个优势兴奋中心，从而抑制其他部位的兴奋。

气功的功效，正如《黄帝内经》上所说的那样：“恬淡虚无，真气从之，精神内守，病安从来?”在古人看来，“气”是宇宙万物生化的根本，在人体内起作用的是真气，真气运行如果减弱，甚至受阻，身心会逐渐衰弱，各种疾病就会乘虚而入。

气功就是通过一定的方式方法，来调动和恢复真气的运行，以增强自我康复的能力。古代中医的这种“真气”说法，已被1968年苏联科学家宣布发现的人体里面有一种新的能量循环系统所进一步证实，这种“能量”在人体里，按照特殊的路线循环，可以通过呼吸来加强，并且受磁力、太阳黑子、光、声，以及情绪、食物、饮料等许多因素的影响。

印度的古瑜伽术，被应用于精神治疗上，是对医学作出的一个贡献。印度的瑜伽信徒们苦练自制功夫，他们凭借体力和意志的锻炼，用自行修炼的方式，以及利用生物反馈的原理，控制机体的某些自动系统（所谓“自动系统”，就是指神经系统中不需要知觉控制，而能自行活动的那些部分，例如呼吸、心脏搏动和血压等），从而对身心加以控制。

这里，需要简单解释一下什么叫做“生物反馈”。所谓“生物反馈”，它的依据是，人体有能力控制从大脑皮层下面的边缘系统发出的波形缓慢的a脑波，而这个a脑波也就是松弛状态的正常波。印度瑜伽信徒当众表演，他们能够安然无恙地、赤脚走过烧红了的铁板，或针刺手臂而不感疼痛。

中国的高超的硬气功，比起印度的瑜伽术来更是独树一帜，各有千秋。无论是中国的气功，或者是印度的瑜伽术，都和冥想放松法有关系。

它们并不是神秘的“奇术”，而是设法把精神集中到一点，造成大脑皮层里的一个优势兴奋中心，从而抑制了其他部位的兴奋。

二、“冥想放松法”的运用

在这里介绍一种在国外流行的简便易行的冥想放松法。你可以用一件真实的物件，比如，各种球类、各种水果，或者你手边可以找到的例如小半导体等实实在在的物体，来发挥你自我想象和自我暗示的能力，平静你的大脑。具体方法是：

（1）凝视手里拿着的橘子（什么东西都可以），反复仔细地观察它的形状、颜色、纹理脉络，然后用手触摸它的表面质地，是光滑还是粗糙，再闻闻它有什么气味。

（2）闭上眼睛，回忆和回味着这个橘子都留给了你哪些印象。

（3）放松肌肉，排除杂念，集中精力地想象自己越变越小，钻进了橘子里。那么，里面是什么样子？你感觉到了什么？里面的颜色和外边的颜色一样吗？然后再假想你尝了这个橘子，记住它的滋味。

（4）想象暗示自己走出了橘子的内部，恢复了原来的样子；记住刚才在橘子里面所看到的、尝到的和感觉到的一切，然后做深呼吸5遍，慢慢地数5下。睁开眼睛，你会感到头脑轻松而又清爽。

同样的道理，放松身体的各个部位，轻松自如地反复观察手中的小半导体，掂掂它的重量，摸摸它的形状，闻闻它的味道；然后想象自己越缩越小，钻进了收音机里面进行游览观光。里面的各个部件是什么颜色、什么形状的？是怎样排列组合着的？在里面有什么感觉？是憋气还是很舒畅？然后再想象自己的躯体离开了收音机，恢复了原状，记住自己这次“旅游”时的所见所闻和一切经历体验；然后深呼吸5次，从1数到5；然后睁开眼睛，你会感到头脑既轻松又清爽。你可以在每天早起、中午、睡前各做一遍。

“大脑训练”心理疗法

一、“大脑训练法”的由来

瑞士的著名牙科医生兼老资格的业余体育爱好者雷蒙德·阿伯瑞佐博士，在瑞士开设了一个闻名世界的特殊“诊所”。这个诊所专门训练指导一些很有发展前途，但却缺乏信心，心理上不够健全的各类运动员（跳高、滑冰、拳击、足球等），由于收效显著而声名鹊起。

阿伯瑞佐博士在总结他的训练经验时，曾经说过这样一句警句：“从某种意义上讲，想象有时比意志更重要。若想下决心来解除紧张，那就只会加剧已有的紧张。”

他这句话，的确说得十分深刻透辟，耐人寻味。不仅体育运动员在平日训练和临阵比赛时，会有这种情况，就是我们每个人在日常生活里，也会遇到这类情况，比如由于心理紧张，动作往往“不听”自己的指挥和支配，大脑和身体的动作失去协调，变得笨手笨脚起来，等等。

阿伯瑞佐认为，训练运动员时，要同时训练他们的大脑和躯体，应该把他们作为一个完整的人来对待。他创造了一个新概念叫做“协调意识学”。他教导运动员们，首先要学习怎样来消除头脑里那些有害于表演的不正常的因素，比如像在比赛前或比赛中过分地紧张、注意力分散、缺乏搏斗精神、信心不足、胆小怯场、心理疲倦、担心发生过失或犯错误、怕失败等。阿伯瑞佐认为，经过他所谓的“协调意识”的“大脑训练”之后，运动员们就可以消除自己意识不到的惧怕心理。而这种自己没有意识到的“惧怕心理”，往往会延误一些运动员几百分之一秒的关键时间，以至有可能因此而失去夺取金牌的机会。

二、“大脑训练法”的概念

所谓的“大脑训练法”，主要是指激发人们的想象力，将动作的每一个细节，在“大脑电视”里过上一遍，暗示自己放松身体，调整和改善心理上的竞技状态，对自己的技术充满信心。比如说，确信自己在比赛一开始时就能集中精力，完全不怕观众们欢呼、吵嚷的干扰，以及诸如电视镜头对准自己或者临时意外事故的发生；并且在想象中将每一个动作做得尽美尽善；设想一旦发生意外事故时，自己将如何对待，等等。

有人把阿伯瑞佐所倡导的这个“大脑训练法”叫做“心理体操”，它不需要大量艰苦的身体练习，也不需要花费许多时间，就可以完全控制自己的心灵。因而，大脑训练法被公认为是一种有效的心理疗法、自我治疗法。

众所周知，1984 年中国女排在夺得世界女排“三连冠”之前，曾经接受过接连不断地严峻考验。在国外和一些资本主义国家的女子排球队比赛时，往往会碰到敌队的拉拉队呐喊夹杂着号声和鼓鸣，它们震耳欲聋地交织成一片杂乱的噪音。

面对这样的情境，一般运动员会感到恐慌迷乱、脉搏加速、胃部不适、甚至想呕吐，喉咙发涩，呼吸急促，并伴随有强烈地想逃离现场的心情。可是，中国女排的巾帼英雄们在心理上战胜了紧张的压力，在激烈的争夺战中，最终取得了辉煌的胜利。她们在为国争光的决心和信心鼓舞下，用大脑控制、“统帅”了肌肉和身体的所有器官，这可以说是地地道道的中国式的“协调意识法”、“大脑训练法”。

大脑训练法目前已成为一种治疗心理疾病，增进心理健康的有效方法，而且它的应用也越来越加广泛。在欧洲，现在有许多心理门诊所，已经开始广泛地应用这一训练方法，来治疗由于情绪紧张或心理压抑而造成的各种心理疾病。

三、“大脑训练法”的运用

由于大脑训练法是一种积极的自己指导自己的方法，它能教给人们有意识地抑制一些所谓不由自主的身体活动，增强有意识地控制体内的各种生理过程的能力，比如，控制消化、呼吸、心跳、血液循环和新陈代谢；还可以控制情感和情绪，使人变得身心协调一致。因此，不仅可以用这种训练方法帮助培养造就大批的优秀运动健将和比赛冠军，而且也可以采用这种训练方法帮助培养造就大批出色的演说家和有成就的艺术家等。这些训练者之所以获得成功，就是把人体看作一个整体，看作大脑和身体相互协调一致的状态。

因此，大脑训练法就不仅仅限于适用于各种体育运动项目的训练；而且适用于一切需要面向观众、“抛头露面”的行业。也可以说，它适用于可能表现为情绪紧张的一切场合。大脑训练法还包括一个人怎样和别人、怎样和整个社会建立健康、完美关系的适应能力，使各行各业的体力劳动者和脑力劳动者能更好地完成自己的本职工作，并进一步地鼓励人们有信心地准备担负更重大的任务，等等。

大脑训练法的重要意义，正像一位研究这个方法的专家说的那样：“它可以告诉演员怎样抓住观众的灵魂；告诉作家怎样进入读者的心灵；告诉运动员怎样积蓄力量，在最关键的时刻使用力量，以获得胜利。……总之，对于人类生活的各个方面，都是一门有用的方法技术。”

当人们从事体力劳动工种，或者在做某一件需要动手操作的工作的时候，为了避免由于情绪紧张、信心不足、或者惧怕焦虑而最终导致失败的场合，都不妨试一试这个方法。比如，你要参加体育项目的比赛，你要操刀给人做手术，你要在重要的会议上或者在公众面前讲话、讲课、发表演说，你要做木工活，等等，如果你经过大脑训练，那你就可以使你的动作更加准确无误，可以使你的体力和精力消耗得更少，可以使你的注意力更加集中，提高学习的接受能力。总而言之，大脑训练可以使你的所有不必要的担心、压抑、紧张和对失败的恐惧，都会减弱以至完全消除。

大脑训练法是一种自我暗示法。大脑训练法的创建者阿伯瑞佐，把大脑训练法的要领归结为两句话：“放松并控制身体，使用肯定的暗示并发挥想象力。”这个方法主要是依靠发挥自我想象力和肯定性的自我暗示，以提高必胜的信念而起作用的。

大脑训练法也可以说是“自主训练法”的一个变种，它们的原理是一样的，也就是舒尔兹提出来的：人们的精神（心理）在一定程度上，可以控制支配人们的身体（生理）。从这里可以看出，很多心理治疗方法是相通的，是大同小异的。所以说，青年朋友可以先试一两个方法，如若不见效，就可以改试另外一两个。同时，不必把心理疗法看得很神秘。

可以说，所有的心理治疗方法都是“大脑训练法”，都是训练人们的大脑更加健康，使自己能够积极地自己指挥自己、控制自己的一切心理活动和一切行为活动。

“心理疏导”心理疗法

一、“疏导疗法”的概念

疏导法也叫做“排泄法”。或者像通常所讲的“打扫烟筒法”，即把积存的心理郁闷打扫干净，使神经通路畅通无阻。当人们遭遇到突然发生的、意外性的精神打击后，别人往往劝他：“你痛痛快快地哭一场吧！不要憋在心里做病！”这就是在日常生活中，人们经常采用的“排泄”情绪的方法；而别人的善意劝告也就是一种“疏导”。

医学心理学劝告人们：该哭的时候就哭，该笑的时候就笑；“喜怒不形于色”在重要的场合或许是需要的，但是在日常生活里不该提倡，因为强行压抑自己情绪的表露，会导致心理疾病的产生。因此，不要为了保持所谓的“尊严”和“体面”，而强行压抑自己的思想感情；也不必被一些传统的旧礼教所束缚。

疏导法可以说是一种传统的、古老的心理治疗方法，也是疗效十分显著的一种心理疗法。即使是严重的心理疾病，用思想感情上的疏导、排泄，往往也可以治疗好。这种方法容易被人们理解和接受，用它治好的病例很多，你甚至从中外古今的小说里，都可以找到真实动人的描述和介绍。

二、“疏导疗法”的运用

怎样去疏导排泄不健康的心理？总的原则是应当使自己的生活富有情趣，因为一个生活情趣丰富多样的人，总会有机会去排泄疏导他的情绪，不致因烦闷而使自己的心理不健康。

谈到这里，推荐我国当代美学家、同时也是我国心理学界的一位老前辈朱光潜先生，在50年前写给青年的《谈美》一书结尾中的一段话，作为考虑疏导法时的参考。他说：“人可以分为两种，一种是情趣丰富的，对于许多事物都觉得有趣味，而且到处寻求享受这种趣味。一种是性情干枯的，对于许多事物都觉得没有趣味，也不去寻找趣味，只终日拼命和蝇蛆在一块争温饱。后者是俗人，前者是艺术家。情趣愈丰富，生活也愈美满，所谓人生的艺术化就是人生的情趣化。”

这段话说明：多读、多听、多看

一些东西，丰富自己的情趣，的确可以促进发展自己丰富的想象力和独到的创造力，从而美化自己的心灵，充实自己的精神世界，使心理更加健康并能预防心理疾病。比如说，习惯于用各种艺术情趣来充实自己的青年，很少是情绪忧闷的人，因为他们用各种有意义的兴趣活动，把自己的生活安排得相当紧凑，使自己感到在这个广大的世界上有自己的天地、乐园和追求的目标，时时刻刻都会有充足感、满意感。

我们现在正在向现代化社会发展，物质生活水平越来越高，精神生活内容也就更需要丰富充实，每个人的生活也就愈加需要富有情趣。俄罗斯伟大的教育家乌申斯基说过："自然、美丽的城郊，馥郁的山谷，凹凸起伏的原野，蔷薇色的春天和金黄色的秋天，难道不是我们的教师吗？……根据我的生活印象，我深信美丽的风景，在青年气质的发展上所具有的那种巨大的教育影响，对于教师来说，是很难和它竞争的。"

这段话说明了美化陶冶心灵的重要性。列宁在狱中给他妹妹写的信中讲道："有时一个人的心情恶劣，是由于单调的印象或单调的工作所引起的疲劳造成的。"列宁的意思很明显，是指为了保持心理健康，生活应该富有情趣，而不要过分地单调刻板。

英国哲学家培根曾说过："读史使人明智，读诗使人灵秀，数学使人周密，科学使人深刻，伦理学使人庄重，逻辑修辞学使人善辩。凡有所学，皆成人格。"这最后一句，也就是说学习可以使一个人的人格更加趋向于完美和谐。当然，在广泛的兴趣当中，你应该选择一个中心的兴趣。丹麦有句谚语说得好："聪明人接触各种知识，但是他精通一门来认识世界。"

不仅学社会科学的青年人，应该用文学艺术滋润自己的心田；学自然科学的青年人，更应该加强文学艺术的修养。有一位青年人，他整天摆弄计算机，天天忙于编程序，苦思结构如何如何，没有什么文化娱乐活动，也缺乏文学艺术的调剂。结果，他慢慢地变成了一个情感枯燥乏味的人，后来他竟然变得性情烦躁而不能自制，脑筋也变得迟钝了。你看，文学艺术的甘露，对于学自然科学的年轻人来讲，该是多么需要。看来，文学艺术的业余爱好，不但不会浪费你的时间，反而会使你的思想萌发出新的嫩芽。

日本一本新出版的《青年心理学》里，调查一批青年工人的业余时间，大部分是用于：①长时期的闲聊；②看电视成瘾；③酗酒解"愁"；④逛街、串商店；⑤玩牌成癖好等。

这些办法固然也能排泄无聊和烦闷，但它既白白地浪费掉时间，又危害身体健康，也消磨斗志。而且一旦成习惯，想要矫正过来也很困难，久而久之势必会影响正常的工作、学习和生活。所以，这些疏导排泄情绪的办法都不足取。

对于青年人说来，正确的疏导排泄情绪的办法是：欣然地接受知识的灌输，自觉地经受文明的洗礼，主动地争取艺术的熏陶，积极地提高理论的修养。这样做下去，你的气质会更加美好，你的人格会更加完善。

“运动健康”心理疗法

《红楼梦》里的林黛玉，被人们公认为是典型的“古典美人”。可这位“古典美人”却是一位病恹恹的“病美人”。尽管贾宝玉对“多病多愁”的林妹妹，情深如海、终生不渝；无奈黛玉体质过弱，最终“香魂一缕随风散”，“魂归离恨天”。这一典型的情感悲剧曾经赢得了多少青年男女的辛酸同情的热泪。小说毕竟是小说，酿成悲剧的因素也是多方面的，但我们看罢《红楼梦》这部小说后，不能不联想到，若是林黛玉有一个健康的身子，那该是多好！

一、体弱心则弱

保持心理健康，当然不是单凭有一个健壮的身体就能办得到的。很多运动健将患有心理疾病，便足以驳斥这种“唯身体健康论”者的主张。所以“健康的精神寓于健康的身体”这句话，说得有点绝对化，不十分恰当。古往今来，有多少英雄烈士身陷囹圄，在敌人的监狱、集中营里、法庭上，以病弱的身躯坚持对敌斗争。他们人格高尚，正气凛然，尽管身体健康状况极差，可他们的心理却是健康的。

从心理健康学的角度来看，大量的生活实践证实，身体健康与否，的确会影响心理健康。无论是体力劳动者或是脑力劳动者，在劳动过度的情况下，都需要身心双方的休息和调剂。这是因为，生理和心理两者构成人的统一体，它们相互影响，相互作用，一方面的亏损，足以影响另外一方面。

好多病态心理或心理疾病的根子，都是身体方面出了问题。林黛玉这个“病美人”就患有多种病态心理的症状。她经常以泪洗面，郁郁寡欢，神经质地多愁善感，性格孤僻、内向、猜疑等，这些都和她体弱多病是相互联系着的。所以，一个体弱多病的人，会经常感到精神上的痛苦，对心理健康大有妨害。

二、运动有利于心理健康

法国启蒙时期的思想家伏尔泰说过：“生命在于运动。”他的这句名言，现在已被公认为是一句真理。的确如此，坚持运动和锻炼，是可以有利于预防和治疗心理疾病的。你看过《钟楼怪人》这部电影吧？这部电影是从小说《悲惨世界》改编过来的。小说的作者法国大文豪雨果，40岁时患心脏病，但他在医生的指导下，坚持运动，一直活到80岁，并且坚持从事大量艰辛、繁重的文学创作，心理始终保持健康的状态。

从生理学上看，运动可以增强心肺功能，增加肌体各脏器的侧支循环，使关闭的血管网开放，使血液循环和气体交换加速进行。这样一来，肌体的各个内脏器官就能够获得充分的营养物质和氧气，并且能够及时地排出代谢产物和二氧化碳。人的肌体的新陈代谢就可以更加旺盛起来，各种内脏器官的功能也就更加充沛，并富有生机。

当然，虽说运动锻炼对于防治心理疾病和增进心理健康大有好处，可也并不是说，任何人都可以做任何的运动和锻炼。运动的方式，应该因人而异、因地制宜。一般正常的青年人，可以适当地做些长跑球类比赛等比较剧烈的活动，使身体处于无氧代谢状态，这样可以增强正在发育成长的体质。可是，对于患有心理疾病的青年人说来，还是暂时从比较温和的活动入手为好。比如，打太极拳、做体操、散步、慢跑等，使身体处在正常有氧代谢状态。简而言之，①不要做力所不及的锻炼活动；②循序渐进，运动量和强度要由小渐大，逐渐地增强，符合每个人自己身体的条件。

在运动疗法当中，最简便易行的一个项目就是“跑步”。谈起跑步的好处来，我们的老祖宗——原始人，就已经在生活实践中领悟到了。在远古时代，原始人靠跑动才能获得肉食和用以御寒蔽体的兽皮，另外，经常跑动也使原始人变得勇敢和有毅力。

跑步的好处这么大，难怪相传在古希腊时期，人们在峭壁上留下这样的话：“你想变得强壮吗？那你就跑吧！你想变得美丽吗？那你就跑吧！你想变得聪明吗？那你就跑吧！”至于怎样跑法更科学，也不必强求一律，可以根据自己的体力情况而定。有些医生说，开始的时候，每周跑2次就够了，经过一两个月后才逐渐地增加次数等等，所有这些建议或主张，只能供参考而已。

美国斯坦福大学医疗中心的詹姆斯·费赖斯博士说：“我告诉病人们进行锻炼。‘跑跑步，别总休息’，是心理学家对患者的新劝告。”

“生物反馈”心理疗法

你对“生物反馈疗法”很可能感兴趣，因为“生物反馈”这个概念，现在甚为流行。很多青年朋友都愿意谈论这个词儿，可是他们当中的许多人，对“生物反馈”都不甚了解。

一、“生物反馈疗法”的概念

“反馈”原初是电工学上的一个

专用名词。大意是说，把放大器输出电路中的一部分能量送回输入电路中，以增强或减弱输入讯号的效应。

1948 年，美国数学家威纳在他所倡导的“控制论”中，提出“反馈”这个基本概念。他解释“反馈”说，生物系统、技术系统、管理系统、生态系统等一些系统，输送出去的信息（可以叫做“给定信息”）作用于被控制对象后，所产生的结果（可以叫做“真实信息”）再输送回原系统，并对信息的再输出（比如，以后的动作、方式和变化等）发生影响的过程，就叫做“反馈”。

心理学吸收了“控制论”的这种观点，把反馈叫做“结果的知识”。意思是说，从一定的“结果”中不仅可以看出原因，“结果”不仅像一面镜子，可以消极被动地把原因反映出来，而且会对这个原因产生积极主动的影响。这可以说是对“因果关系”原则的新发展。

过去，心理学侧重于强调：刺激“决定”反应；反应“反映”刺激。而现在则进一步强调：一定的反应不仅会反映出刺激的性质、内容与效应等，而且也会反作用于刺激的性质、内容与效应等等。比如说，从学生的学习结果，不仅可以反映出教师的教学质量、教学效果等等；而且教师可以把学生学习的结果提供给学生，从而对学生以后的学习产生影响。

学生可以根据反馈原理，进行自动控制、调节自己的学习态度、学习方法、学习行为等，达到提高学习效果的目的。因此，为了学习收效，就应该提高有关“结果的知识”水平。

同样道理，对于心理疾病患者，也要强调他们需要增强有关心理疾病治疗“结果的知识”。“生物反馈”就是借用电工学以及“控制论”等所使用的“反馈”这个名词的含义，根据动物的操作条件训练原理，推广运用到人类的一种心理医学技术。《辞海》上对“生物反馈”的解释是：“用仪器对被试者（或病人）的生理、内脏变化情况提供强化或反馈信息（告知变化的结果等），从而引导被试者有意识地学习和自我调节，改善内脏机能，使之在不用或少用药物的情况下，治愈或改善心身失调的疾病。”

其实，我们可以把“生物反馈”说得通俗些、简明些。比如，可以把“生物反馈”说成是通过巧妙地控制人的精神来巧妙地控制人体。再换个说法，“生物反馈”就是自己可以了解和控制自己的生理机能。生理心理学家指出，在人体的整个系统中，有一种生理活动，它可以调整其他活动，可以把它叫做“自我调整装置”，也就是返回神经传导的“反馈装置”。换一种讲法是：当人们的大脑皮层运动区域，传出神经冲动到达“效应器”这种执行器官的时候，执行器官的肌肉和腱的运动情况，又会成为新的传入冲动，返回到大脑皮层的运动区域的相应部位上；这时候，人们就会感觉、意识到运动的情况，而且可以根据这种运动的感觉、意识来调整自己的行为。比如说，当人们的情绪活动发生改变的时候，人们的机体内部也会相应地出现内分泌的相应变化，会引起相应的反馈性的调整作用。

二、“生物反馈疗法”的运用

正是因为经过影响或者改变人们的情绪活动，可以引起人们生理上相应的反馈性的调节作用，因此，用影响或改变心理疾病患者的情绪的办法，就可以治疗心理疾病。

所以说，生物反馈疗法要想收到疗效，就需要病人必须能够和他想控制的某种身体功能的节律取得平衡协调。比如说，病人在一架电仪器上，看到他的心脏搏动或大脑皮层活动的记录，或者是听到它们跳动的节律时，他就可以充满信心地想办法试作自我控制了。

很多哮喘病人对尘土、花粉或烟雾等刺激物敏感，但是经过试验证明，这种“敏感”大部分还是由于自己神经紧张所造成的。经过上面讲的那样反馈“医疗”后，他们的哮喘病可以治疗好大半。这就证明，哮喘“反应”至少有一部分，是来自后天的心理上的主观经验“原因”，而不是生理上的痼疾。

由此可见，身心疾病很多是导源于心理上的不健康。寻找出心理致病的因素，让这些“患者”通过“反馈”作用，帮助他挖掘（发现）信心、巩固信心、提高信心，那么，很多身心疾病会“奇迹”般地治愈。

因此可以说，生物反馈的要点，或者说它的“秘密”，就是“病人自己痊愈”。

临床实践证实，用生物反馈方法治疗心脏、大脑、肌肉群以及和循环系统有关的身心疾病，若不能完全根治，也可大部分予以控制。

现代医学研究已经发现，病人只要在开始时，略微借助于灵敏的机器，也就是说，略微借助于测量脑电、心电、皮肤电阻和心压、心跳等生理变化情况，以及提供反馈信号的电子仪器（可以叫做“生物反馈仪”），产生反馈作用，就可以控制从前认为无法控制的某些自动或非随意的身体功能。这也就是前面讲过的通过巧妙地控制人的精神来巧妙地控制人体！

生物反馈疗法，证实了这样一条重要的原理：精神（心理）在一定程度上能够支配身体（生理）。

“系统脱敏”心理疗法

“哪里有压迫，哪里就有反抗！”当你遭到心理压迫的时候，你就要进行“反抗”吧？那么，有没有什么方法，可以帮助你增强这种抵抗的力量呢？有的。心理治疗方法里面的

“系统脱敏法”，就是一种被人们公认为比较理想的提高对于种种心理压力抵抗的方法。

一、“系统脱敏法”的概念

系统脱敏法的理论依据是学习心理学。学习心理学认为，人类的神经过敏不是先天的，而是后天学习到的，是每个人在生活中经过模仿、暗示等学习而形成的。“过敏”既然可以由学习而得到，那么也就可以再经过学习而消除它、脱掉它。因为敏感说到底，只是人们主观上的一种感觉，一种过于敏锐的感觉罢了。

系统脱敏法的一般做法是：先用轻微的较弱的刺激，然后逐渐增强刺激的强度，使行为失常的患者没有焦虑不安反应地逐渐适应，最后达到矫正失常行为的目的。比如说，小孩子如果怕小猫、小狗、小白兔等一些小动物，你可以让小孩子先从远处观望这些小动物，然后让他（她）逐渐靠近，并且试探着抚摸这些小动物；最后，他（她）就会高兴地，也多少有些兴奋地把这些小动物抱在怀里。小孩子对小动物的“过敏”，不就这样经过一个有系统的步骤“脱”掉了吗？又比如，对于喜欢挑食的孩子（成人也一样），可以慢慢地给他（她）从少到多地，加进他不喜欢吃的食物，用这种方法就能逐渐改掉偏食、挑食的毛病。

系统脱敏法的优点，是它可以让人处在神经比较松弛、情绪比较轻松的状态下，也就是说，在不会产生焦虑、紧张的条件下，逐渐克服、纠正原有的失常行为而改变为正常的常态行为。

二、“系统脱敏法”的运用

系统脱敏法，现在被广泛地应用于临床医疗上，并取得了比较明显的疗效。例如，美国精神病学家雷克斯伦，就用系统脱敏法治愈了一些有变态反应的食物过敏患者。比如有一个男孩每当吃香蕉时，就有多动性的表现；另一个女孩由于对动物蛋白质过敏，而经常发生惊厥。雷克斯伦对他们采取逐渐增加食用量的办法，来降低这两个孩子对食物过敏的失常反应，结果成功地治愈了他们的过敏反应。

实践表明，系统脱敏法更适合于矫正那些年幼无知，比较容易接受模仿和暗示的少年们的失常行为。对于一般成年人来讲，系统脱敏法就往往显得不“灵验”。不过，对于那些容易接受别人的暗示，和喜欢模仿别人行为的人，还是很有效应的。一位精神病学专家，他就用系统脱敏法治好了许多女青年被蛇、壁虎以至于毛毛虫、“吊死鬼”，还有惊雷声等，所“惊吓”而引起的种种心理失常和行为失常。而且据他讲，不少中年妇女，以至神经比较过敏或神经比较脆弱的男性青年人和成年人，也适宜于用系统脱敏法来矫正某些行为失常。

“格式塔”心理疗法

年轻的读者们对于将要谈到的“格式塔疗法”，很可能是十分陌生的，而且觉得是很古怪的。什么叫做“格式塔”？难道是什么名胜古迹的古塔名称吗？或者是一种什么塔的“格式”？你猜错了！这和“塔”是全然无关的。

一、“格式塔疗法”的概念

“格式塔”是一种译音。现代西方心理学有一个著名的派别，叫做“格式塔心理学”，或者叫做“完形心理学”，因为“格式塔”的原意就是“完形”、“样式”或者“结构”、“组织”的意思。你也许会发问：干吗“故弄玄虚”地非叫做“格式塔”呢？干脆意译成为“完形”不就算了？这倒不是什么“故弄玄虚”，因为“格式塔”这个词，在中国心理学上已经“约定俗成”，也沿袭使用很久了。而且，越是让人感到“古怪”，反而越会加深印象，记得牢些，你说是不？

格式塔心理学是一种比较新的心理学流派。它受现代物理学发展的影响，特别是接受现代物理学中关于物理“场”（例如，磁场、电场、引力场等）理论的影响而发展起来的。

格式塔心理学的基本理论认为，人是一个完整的统一体，人们的思想感情等一切心理活动以至人格，都是完整的、有规律的、有适当比例的。它还认为，人的大脑并不是一个被动的接受者，它能够进行主动的活动。为什么人脑能主动地活动？这是因为人的大脑是一个固定完形的“脑场”，这个“脑场”具有“先天的动力特征”。因此，人们对于外界刺激的知觉也好，适应也好，所有一切的心理活动，就会成为整体的完形趋向。

不过，格式塔心理学也并不是十全十美的理论。它的最大缺点就是把“完形”看成是大脑先天固有的特性，把心理现象的内容和外部世界的联系割裂开来，离开了人的生活实践，离开了人和社会环境的交互作用。因此，根据格式塔心理学的原理所创建的格式塔心理疗法，很有些关起门来闭目静坐、修身养性的味道。

但是，采用这种已被人们证实行之有效的心理方法的目的是为了使我们避免产生心理疾病，和帮助我们更好地保持心理健康，从而更好地适应周围环境以至改造周围环境，因而也就不必“因噎废食”般地把它完全“批判”掉。任何一个学派的理论主张的创建和发展，都是全人类智慧的结晶，它们能够存在下去，又延续至今、不断发展，总还是有它可取的地方。只要对我们有益、有用，就不妨拿过来试试看。

“格式塔疗法”是由美国精神病

学专家弗雷德里克·S. 珀尔斯博士所创立的。根据珀尔斯的最简明的解释，“格式塔疗法”和“生物反馈疗法”一样，都是自己觉察自己。不过，生物反馈法，是自己对自己的血压的自我觉察，自己对自己皮肤的温度、自己对自己的筋肉的电位的觉察。而格式塔疗法则是比起生物反馈法来更加广泛些，是自己对自己疾病的觉察。也就是说，对自己的所作所为的觉察、体会和醒悟。可以说，它是一种自我修养性的自我治疗方法。

二、格式塔疗法的9项原则

格式塔疗法有“9项原则”。这9项原则原是珀尔斯提出来的，现在介绍如下：

1. “生活在现在里”

不要老是惦念明天的事，也不要总是懊悔昨天发生的事，而把你的精神集中在今天要干什么上。记住，你现在是生活在此时此刻，而不是生活在明天和昨天里。遗憾、悔恨、内疚和难过并不能改变过去，只会使目前的工作难以进行下去；忧虑未来是一种没有用处的情绪。

2. “生活在这里”

想着你现在就是生活在这里。无能为力的远方发生的事，想它也没有用。杞人忧天，徒劳无益；惶惶不安，对于事情毫无帮助。记住，你现在就是生活在此处此地，而不是遥远的其他地方。

3. “停止猜想，面向实际”

你也许碰到过这样的情况，比如在你的工作单位，当你碰到领导或同事的时候，你向他们打招呼，可他们没反应，连笑一笑都没有。如果你因此而联想下去，心里嘀咕：他们为什么要这样对待你？这个人是不是对自己有什么意见？对自己存有戒心吗？轻视自己吗？甚至会联想到他是不是敌视自己？其实，也许你没有料到，你向他打招呼的这个人，可能心事重重，情绪不好，正在想着家里面发生的事、或者什么不愉快的事，没有留神注意你向他打招呼罢了。因此，不必因为他对你打招呼没作出反应，就想入非非。

胡乱猜想推测是毫无意义的。很多心理上的纠纷和障碍，往往是因为自己没有实际根据的“想当然”所造成的。你可不要庸人自扰啊！

4. “暂停思考，多去感受”

现代化社会要求人们多去思考，而少去感受。人们忙忙碌碌地整天里想着的，就是怎样做好工作，怎样考出好成绩，怎样搞好和领导与同事的关系等。绞尽脑汁，耗尽脑力，因而往往容易忽视或者没有心思去观赏美景，聆听悦耳的音乐等。格式塔疗法的一个特点，就是强调作为思考基础的“感受”，比起思考本身更为重要。没有感受就无从思考；感受可以调整、丰富你的思考。而且，人终非是一台计算机，不能白天黑夜地在那里总是计算个没完。人也不是机器，人需要用感受来滋润自己的心田。

直觉思维是人的一种非常宝贵的心理品质，但是，由于现在人们过分地强调逻辑思维，直觉思维就往往被忽略了。可怕的后果将是使人们变成一台失去情感的机器。

5. “也要输进不愉快的情感”

人们通常都希望有高兴的快乐的等愉快情感，而不愿意接受那些忧郁的悲哀的凄凉的等不愉快情感。但是这却不是正确的态度，因为有高兴，就必然地会有悲哀；相反地，有悲哀也就会有高兴。愉快和不愉快，不仅是相对而言，同时也是相互存在和相互转化着的。因此，正确的态度是：首先，应该认识到，既有愉快的，也有不愉快的情绪；其次，要有接受愉快情绪，也要有接受不愉快情绪的思想准备。

如果一个人成年累月，总是愉快、兴奋，那反而是失常的现象，也许说不定患有躁狂症。

6. “不要先判断，先要发表意见”

人们往往容易在别人稍有差错或者失败的时候，就立刻下结论，讥讽别人能力差或者“笨蛋”等。很多时候，实际情况并非如此，因为人们的判断经常是错误的。因此，你的任务首先是充分表现自己的观感或情绪，把你的意见充分地表达出来。

格式塔疗法认为，对他人的态度和处理人际关系的正确做法应该是。先不要判断，先要谈出你是怎样认为的。这样做，就可以防止和避免与他人的不必要的摩擦和矛盾、冲突，而你自己也可以避免产生无谓的烦恼与苦闷。

7. “不要盲目地崇拜偶像和权威”

比如，在宗教上树什么教祖，成为什么教派的狂热信徒等，这都不好。在现代化社会里，新兴的宗教最容易出现什么教祖，教徒们把他的一言一行都认为是“金口玉言”，狂热地、无条件地信奉他和遵守他。现代化社会里，有很多变相的权威和偶像，它们会禁锢你的头脑，束缚你的手脚，比如，学历、资格等。格式塔疗法对这些一概持否定的态度。

我们不要盲目地附和众议，从而丧失独立思考的习性，也不要无原则地屈从他人，从而被剥夺自主行动的能力。

8. “我就是我”

不要说什么：我如果是某某人那该多好，我若是某某人我就一定会成功，等等。你应该从自己的起点做起，努力地充分发挥自己的胜任潜能。既不必怨天尤人，也不必想入非非，要脚踏实地，从我做起、从现在做起，竭尽全力地发挥自己的潜能，做好自己能够做的事情。最后的目标和信念应该是：“我就是我自己”，比、学、赶、超过我自己。

格式塔心理疗法的这个第 8 条原则，使人不由地想起日本电视连续剧《姿三四郎》里面的那位德高望重的老和尚。他曾屡屡教导一代武林高手姿三四郎说："悟性就在你的脚下!"我们可以把老和尚这句富有哲理性的格言，理解成为：你就是你自己，你应该脚踏实地地从我做起，去掉万般千种的担忧、顾虑、嫉妒、羡慕等无谓的烦恼，面壁苦练过硬的本领，最终必获成功。

9. "要对自己负责"

人们往往容易逃避责任。比如，考试成绩不好，会把失败原因归罪为自己的家庭环境不好呀，学校不好呀；工作不好，会推诿说领导不力呀，条件太差呀，等等。把自己的过错、失败都推到客观原因上。格式塔疗法的一项重要原则，就是要求自己做事自己承担，自己对自己要负责任。

"大笑"心理疗法

当你听到"笑疗法"这个名称时，你也许会感到我们讲的"心理疗法"，越讲越"神"了。笑，难道也可以"医治"疾病吗？先请你听一段真人真事。

一、"笑"的治疗原理

1979 年，美国出版了一本叫做《笑有益于血液——幽默的医疗作用》的通俗著作，作者是美国医生雷蒙德·穆迪。他在这本书里讲道：一个名字叫做诺曼·卡曾斯的美国记者，突然得了缺乏胶原的病（"胶原"是结缔纤维的主要构成物，这位记者由于器官结缔纤维严重损伤，因而行动艰难）。

当他接到医院的"没有治愈的希望"通知后，他并没有因此而吓倒。他借来了大量的幽默喜剧录像影片，每天在家里放映欣赏。先是 10 分钟的大笑，感到有镇痛的作用，疼痛缓和一些，可以睡上两个小时；后来他索性看上几个小时，大笑几个小时。经过几个礼拜后，他的病非但没有恶化的迹象，反而有了显著的好转，经过 10 年后，这位记者的身体依然很好。

笑，开心的大笑，在这位患重病的记者身上显示了神奇般的力量。那么这种威力来自何处呢？简单说来，就是这位记者每笑一次，他的横膈膜就大约蠕动 18 次，而在他微笑时，蠕动的程度要略小一些。乐观和愉快使他身体各个器官的功能更好地发挥了协调作用，使他的内分泌稳定，免疫力增强，从而控制了疾病的进一步恶化发作。

如果这位记者在确诊他患了胶原性疾病这种不治之症后，陷进了深深的忧郁、悲哀和绝望深渊里，那么，情况就会完全不同，他身体的免疫反应会被抑制住，他的 T 淋巴细胞和 B 淋巴细胞（这两种细胞都有抗病的机能）的产生和功能，也会受到影响。这样，就不仅仅不能减弱他的病症，反而会增进他的病变。

二、抑郁致癌

国外学者已经研究证实，“忧郁、失望、悲哀是癌症发生的前兆”。有人曾对100名白血病人、淋巴瘤病人进行了回顾研究，发现癌症发生前的1年左右，大部分病人有过个人或家庭不幸遭遇的经历。其实，我国医学中早就有过“郁结伤脾，肌肉消薄与外邪相搏而成肉瘤”的理论，这讲的也就是国外现在才发现和证实了的“新”理论。这些新科学理论的主要依据就是：悲哀之所以会使人致癌，就是因为悲哀可以抑制身体的免疫反应，影响T淋巴细胞和B淋巴细胞的产生和功能，于是妨碍了及时地抑制和消灭癌细胞。

国外还有一个试验证实，很多种疼痛是由于肌肉所造成的，或者是因为肌肉紧张而加剧起来。这种情况，往往连忍受病疼的人自己也忽略了。比如说，由于肌肉紧张而引起的头痛，就是一个很能说明问题的例子。有些人焦躁不安，精神萎靡不振，于是他在不知不觉间，头和脖子的肌肉就会紧张僵硬起来，紧跟着头也就疼起来了。

如果运用大笑的疗法，情况就会正好相反：笑能使肌肉的紧张程度缓和，疼痛也就跟着减轻或消失掉。因此，你应该放松肌肉。那么，怎样放松肌肉呢？你可以笑，大笑，因为笑的时候，肌肉就会放松。

当然，并不是鼓励人们为了笑而笑，这样的笑不是发自内心感受，不会触动情感神经，也就不会收到应有的疗效。但是，建议人们养成笑的习惯，用笑的表现来诱发出你的快乐与希望。正如你总是紧皱眉头，会诱发出你的郁闷那样，你若是能够养成平日里总是保持舒展眉头的习惯，也许多少会有助于你驱散愁雾。

三、快乐者健康

在日常生活里，人们可以经常看到，凡是性格幽默风趣的人，大部分是快乐的人、充满希望的人。他们对待一件不顺心的事，往往一笑置之、不以为意；他们会总结经验教训，再接再厉地把事情办好。而那些性格过于拘谨的人，却会因碰到不顺心的事情而烦恼、愤懑，闷闷不乐；有的甚至总是记住这件不愉快的事情，唉声叹气，自怨自咎。幽默的人，会笑的人，处在任何沮丧困苦的逆境中，都能将紧张情绪缓冲掉，而保持轻松的自信的心情，从而降低心理压力，缓和内心冲突，排除内心的抑郁，不至于因此而陷入不健康的心理困境中。

因此，有人将幽默、笑叫做“精神上的消毒剂”。这种说法并不过分。笑、幽默，实际上是一种有效的心理疗法。

在日常生活里，每个人都会有这样的体验：高兴和悲哀等不同情绪，对于身体会产生不同的影响。比如说，当你悲哀忧愁的时候，多么好的美味佳肴也难以下咽，即使你勉强地吃下去，也会由于“气裹食”，感到胃里膨闷胀满，难以消化。这就是因为悲伤和忧愁，通过大脑影响了植物性神经的正常活动，产生了生理上或者病理上的改变。

人们为什么在沮丧忧虑时，食欲会减退呢？这是因为当你在沮丧忧虑的时候，你胃壁的血液量就会减少，使得胃黏膜变得苍白无力，胃液分泌也随着减少了。你在大怒的时候，为什么会有胃部空虚的饥饿感觉呢？这是因为你在激烈发火时，胃黏膜会充血，血液增加，胃的蠕动加快，胃液分泌大量增加。

同样的，如果你经常处在紧张状态下，那么，胃液会受情绪的影响，分泌过多，侵蚀胃和十二指肠黏膜，久而久之就容易发生溃疡病了。由此可以看出，笑和幽默的对立面——悲哀、忧愁、沮丧、愤怒等消极的情感和情绪，无疑是“精神上的腐蚀剂”。这样一来，就更可以衬托显示出笑的积极作用了。

为了保持心理健康，建议青年朋友每天看些、听些能使你开怀大笑，或者是耐人寻味的幽默的笑话、漫画、相声、喜剧、书籍、杂志等。总而言之，每天都要尽量去寻找笑料，纵情地笑、开怀地笑，使劲地大笑。因为这样的笑，能够使你的心、肺、膈、肝等内脏器官，得到短暂的运动锻炼活动；能够清除呼吸系统里的异物；能够加快血液循环；能够加速心脏的搏动；能够促进内分泌系统的功能。

这样，你的“五脏六腑”功能就会大大增强，从而也就增强了免疫的能力。另外，由于你的脏器功能的增强，可以刺激大脑产生出一种叫做“儿茶酚胺”的激素，它可以激发你身体内部产生出一种天然的麻醉剂。于是就会帮助你减轻疼痛和不舒适的感觉，帮助你解除厌烦、懊丧、忧郁和紧张的心理状态。

研究幽默与笑的一位心理学家说：“笑可以使人心情舒畅、精神愉快、驱除疲劳、排除忧虑、解除烦恼、心情开朗、精神振奋、充满信心。又因为笑可以促进循环系统的功能，使血液流动的速度加快，所以人在笑时面颊红润，容光焕发，眼睛明亮，显得格外年轻动人。”

四、“笑疗法”的运用

那么，作为“笑疗法”的笑，应该怎样笑法？

心理学家认为，幽默感的力量和笑的表现，要看是由谁，在什么样的条件下，感受了什么事物来决定的。因而作为一种心理治疗法，就不必拘泥于笑的方式。不过，作为心理疗法的笑，和美学家所说的笑是一种“艺术”、笑是一种“美”等，还不大相同。因为我们着眼于“疗效”，而不是去“欣赏”笑的美。

凡是发自内心、触动情感的“真心诚意”的笑，不管它是开怀纵情的大笑、含蓄深沉的浅笑、含情脉脉的微笑、风趣十足的一笑，等等，只要它们能够迷人、动人、感人，就可以不同程度地达到心理治疗的疗效。电影《三笑》里，秋香对唐伯虎三次变化不同的笑，几乎都使痴情的唐伯虎“灵魂出窍”，给他带来了快乐、宽慰和希望。

因此，作为一种心理疗法的“笑”，起码应该有2个必须重视的基本条件：①应该笑得自然，不要勉强，不要为了笑而笑。②当你认为可笑时，就尽情地去笑好了，至于怎样笑法，完全可以不必去计较，因为我们不是在演戏，也不是在进行什么交际活动，因而无需过多地考虑笑的方式。封建社会里的大家“闺秀”，闭锁在“闺房”、“绣楼”上，碍于封建礼仪，不敢纵声大笑，因而常常闷郁成病，这在现代化社会里，应该作为笑话或悲剧来看待了。

一位担任高中班主任的中年女教师“教导”她的大学生女儿说：“女孩子家，不要笑得前仰后合!”这位母亲规劝的理由是，这样的笑法太“野”，不成“体统”，让别人觉得你“缺乏教养”等。其实，这种“教育”是完全不必要的。因为每个人笑的方式，往往决定于情感的强度，而情感的强度又决定于外界刺激物的强度。因而，当你面对十分开心、惹人发笑的景物时，你本应大声地笑，但你却抑压自己的情感表现，“唇不露齿”地微笑、或者不笑，久而久之，势必会引起不健康的心理。

人们爱说，不同的世界观、不同的兴趣爱好和不同的文化水平，决定着人们具有不同的乐趣，以致会表现出不同的笑法。但若从心理健康的角度来看，这就未免太死板、太拘泥了。所以，从心理治疗的角度来看，笑不必分作什么“雍容大方”或“庸俗鄙陋”，而且实验证明，越是纵情地大笑，疗效也就越大。

五、生活中不能没有笑

总之，青年朋友要牢记最根本的一点，那就是：生活中不能没有笑！你与其吃药、打针，不如使用“快乐牌”的“精神消毒剂”。让我们大家一起去追求笑、寻找笑，甚至可以有计划、有组织地采取一些措施来使大家都发笑。也许有人会觉得这种想法未免离奇，其实，这在国外已有先例。20世纪70年代，英国的一所大学，创建了一个“幽默教室”。在那里，人们可以用各种手段发笑，而且经常举行关于幽默问题的科学讨论会。在讨论会上许多人建议建立一些城市娱乐中心，作为促进人们集体大笑的设施。这对于促进人们心理健康，预防心理疾病会大有益处。

至于什么样的笑，对什么样的病最有益处，这还没有最后研究出来。不过，相信总有一天会得出结论的。

幽默、微笑，对于人际关系上的和谐交往也很有必要。它可以消除隔阂，增进友谊，加强情感的交流，缩短人们彼此间的心理上的距离，使人们彼此更加亲密无间，促进团结。

苏联女作家库兹涅卓娃的《生活在召唤》里曾有这样一段描述："有什么东西能比真诚的笑来得更美好呢？笑可以使人愉快、高兴、精神焕发。由衷的笑可以使剑拔弩张的敌对双方互相谅解，能使素不相识的人们马上亲密起来。"

大约经过20年后，在法国的巴黎出现了一个叫做"在国际关系中运用幽默协会"的组织，这个协会的宗旨就是：让笑成为缓和国际紧张局势、使各国人民更加相互了解的一种手段。

你能说"笑"不是一种疗法，不是一种精神"武器"吗？

"色彩"心理疗法

20世纪40年代，美国加利福尼亚州一位名叫西塞尔·斯托克的科学研究工作者，发明了一种所谓"朝霞彩色电影"。影片专门放映美丽的朝霞，并且配以轻松愉快的音乐。一些对生活失去信心的忧郁病人，看过这样的电影后，改变了垂头丧气、情绪低沉的消极态度，变成精神振奋、生气勃勃，并成为重新对生活充满希望、乐观的人。这个事例，足以说明"色彩"能够成为一种心理疗法。

一、色彩对情绪的影响

你相信吗？色彩可以影响人的情绪。西方《色彩心理学》一类书籍里写道：红色有刺激胃口的作用，可以提高食欲；赭石色可使低血压者提高血压；冷色可使激动的人宁静；橙色、黄色可使神经衰弱的人振奋；浅蓝色给人以凉爽的感觉，可帮助退烧；紫色可使孕妇感到镇定……这些说法，都是经过实验证实了的结论，言之有据，并非一派"胡言乱语"。

二、色彩疗法

下面，再谈谈"色彩疗法"是怎样诞生和发展的，"色彩疗法"的疗效作用又表现在哪些地方。

把色彩正式地应用在心理治疗上，大约是在第一次世界大战期间。当时，欧洲的一些战地医生，由于苦于找不出医治在战争中导致神经病的治疗方法，于是开始研究把病房涂抹成各种不同的颜色，"色彩疗法"就是这样地诞生了。

后来，相继地有很多医生，重复试验应用这种疗法。比如，有一位名叫潘赞的医生，他配置了几间有彩色的墙壁、窗户和家具的房间，而后把一个心情苦闷、沉默寡言的患有忧郁病的患者，关进一间以红色为基调的房间3个小时。结果病人走出这个房间后，竟然变得心情愉快，谈笑风生。这位病人情绪变化的原因，就是因为红色可以刺激情绪，加速肌肉反应，增高血压，使人感到温暖、力量和希望。因为光明的太阳、沸腾的热血、熊熊的烈火都是红色的。

为什么色彩能够帮助治疗心理疾病，促进心理健康呢？简单来说，色彩所反射出来的光线和 X 光线、放射性辐射一样，都是各种波长的电磁波，对人脑可以引起种种反应，于是产生疗效。红色为什么能促进血液循环？绿色为什么能促进血液平缓？原因就是由于这两种颜色的电磁波的波长不一样（红色波长 700 纳米、绿色波长 510 纳米），于是人脑对它们的反应也不一样。

另外，当人们接受不同颜色的刺激后，就能使内分泌活动发生变化，使下丘脑发出“指令”，减缓或增强肾上腺激素的分泌，使心脏收缩相应地减缓、减弱或者相反地加速、加强，于是就会产生不同的情绪反应。比如，国外有人研究证实，让一个正在发怒的人观看粉红色，那么，他的心脏由于不能产生所需要的足够强度的收缩，使他的肌肉放松，精神镇静，怒气就发不出来了。当然，如果让他长久地居住在粉红色的房间里，那样一来，他的内分泌系统就会产生某种不平衡，抑制发怒的效应会逐渐消失掉。这就是说，好似“入芝兰之室，久而不闻其香；入鲍鱼之肆，久而不闻其臭”那样，对粉红色的刺激疲沓了，“不灵”了。这一点，也是需要注意的。

三、色彩心理的其他应用

近几年来，国外新兴了一门学科叫做“色彩管理学”，对于工厂、机关、学校、医院、礼堂、住宅的室内外色彩，是怎么样地影响人们的情绪，进行了大量的研究工作。另外，还有一门新的现代边缘学科，叫做“技术美学”，在国外也很盛行。它把美学原理应用于生产技术的领域，使美学和技术相结合。技术美学的统计资料表明，在生产工具上涂上适宜的色彩，可以提高劳动效率 2% ~ 4%。这些都说明，色彩疗法对于保持心理健康的作用，越来越被人们所重视。

青年朋友要学点“色彩学”的知识。正像日本色彩心理学研究专家松冈武写的那本书的副标题那样，你应该学会用色彩来探求、寻找、捕捉、欣赏我们生活着的这个世界。这个世界是五彩缤纷的世界，是绚丽多彩的世界，它用你数不清的色彩来影响你的视觉，从而引起你种种不同的情绪感受。

歌德，这位 19 世纪德国伟大作家和诗人，在他 50 岁创作诗剧《浮士德》的时候，对自然界的色彩现象发生了浓厚的兴趣，进行了深入细致的观察，在 1810 年出版了富有文学趣味的《色彩学》。他这本书直到现在，还被现代生理心理学家们给予高度的评价。

歌德在研究色彩学的时候，跑了许多地方。比如，冬季爬上阴森寒冷的哈尔兹山顶，俯瞰落日前后积雪的景色；黄昏时走进打铁铺，观看烧红的铁块在锄头底下迸发着火花的现象等。这些，对陶冶歌德的情操，美化他的心灵，创作出感人的诗剧《浮士德》，起到了潜移默化的精神作用。

让我们学习歌德热爱色彩、研究色彩的精神吧。在色彩学知识的帮助下，美化我们的心灵，促使心理更加健康化！

“气味”心理疗法

在人们的生活环境里，有大量的不同气味在弥漫着。它们对人们产生不同的影响，可以激发起爱或恨、悲或喜等不同情感，甚至会改变人们的行为。第二次世界大战时，法西斯匪徒嗜血成性，他们在血腥气味中，变成了杀人狂。

一、气味与嗅觉

每个人对气味的敏感程度是不相同的。科学家们的实验证明，大多数人至少可以辨别4000种不同的气味，有人甚至可以辨别出10000多种。这是因为鼻子的嗅觉细胞直接连到大脑里最基本的部位。这个部位，过去叫做“嗅脑”，现在改叫做“边缘系统”。它可以调节运动肌肉活动以及像性欲、饥饿等基本冲动，甚至复杂的情感或情操的心理活动。

在国外，有些科学家发现了气味中有“传激素”。这种传激素使很多生物用来作为嗅觉沟通。比如说，你养的猫用它的面颊蹭你的大腿表示欢迎和亲热；你养的狗会摇头摆尾地在你身边盘旋，同样也是表示对你的亲热和欢迎。这些都证明气味能够起沟通交往的作用。你如果有意地把你养的猫或狗，抛弃在很远的“荒郊野外”，过不了多久它们仍会“找上门来”，重返它的“家园”。其中的道理仍然可以用气味中有“传激素”来加以解释。

有人讲过一个“笑话”，但这个“笑话”从“气味疗法”的角度看，也不能完全说成是毫无科学道理的“无稽之谈”。有一位产妇是山西人，生孩子时难产，很痛苦。后来有一位“聪明人”出了个主意，让人拿来山西老陈醋，产妇闻了这个浓郁的醋味后就顺产了。为什么会有如此“奇效”？这是因为老陈醋的香味可以透达于血络中，开通窍道。你也许知道，我国中草药里有很多药，就是利用“芳香利窍”的原理来治病的。

记忆心理学曾讲到一个观点：嗅觉记忆在记忆当中分外清晰。很多人可以清楚地记得童年时代的气味，并且可以由这种气味而勾引起美好的、厌恶的等复杂的情感来。那么，气味在人们的脑子里，是怎样“记录”下来的，以至“刻印”下来的呢？

气味这种记录、刻印下来的方式，比起视觉的形象和听觉的声音都要复杂得多。

科学家们正在探索气味为什么能够“记录”在人们脑子里的方法和途径。比如说，为什么才出生几天的婴儿就能辨认母亲的气味呢？为什么有些曾经影响过我们的气味，我们记不起来了，好像它们从来就没有进入我们的意识里？

二、气味与健康的关系

谈到这里，有人也许会问：“气味”和人们的心理健康有什么关系呢？

大约每个人都会有这样一些不同的体验：在清新的空气中醒过来，感到心情舒畅爽快；而在充满汗臭甚至夹杂着狐臭、脚臭味的拥挤车上，则会感到阵阵头晕恶心，思绪烦乱；在弥漫着酒香、鱼香、肉香的“气味”中，又会感到节日带给人们的欢乐和愉快。有些气味使你心神宁静；有些气味使你烦躁不安，有些气味使你精神振奋；有些气味使你昏昏欲睡，真是举不胜举。俄罗斯人喝一口沃特卡烈性酒后，要把酸黄瓜放在鼻子下，狠狠地闻一番，然后才吃下。

西方一些科学家们，正在试验使用某种特别的气味来减轻工人的忧虑和紧张。他们认为好闻的气味可以提高工厂和办公室的工作效率；减低监狱中的侵犯和暴力的程度；课本中加上好闻的香气，可能会提高学生学习的兴趣；借助香味，可以增强人们的记忆力等。美国一位科学研究工作者麦克托克，曾经在美国芝加哥大学研究同一宿舍的女大学生，她们的月经在同一时间出现，麦克托克认为这种现象，很可能是由某种气味所引起的。

三、气味疗法

气味疗法可以归类到“感官刺激疗法”里面。美国一些医院对昏迷患者用感官刺激疗法已经初见成效。比如，他们用铃声刺激听觉，用牙膏涂在舌头上刺激味觉，用醋酸刺激嗅觉的办法，来治疗一些例如因车祸而造成严重脑损伤、处于极度昏迷状态的病人，经过几个月后，病人从昏迷状态中奇迹般地苏醒了。这就要归功于病人因为不断地接受感官刺激的结果，唤起了他们清醒的意识，恢复了清楚的神志。你看，心理疗法的远景是不是很广阔？气味疗法是不是很有发展前途的一门心理疗法？

为了心理健康，建议多在树林中、花丛边散步，闻闻花香会使你感到心情愉快，原因就是芳香扑鼻的花香的芳香油分子会刺激你的嗅觉神经，从而引起你的欢快情绪。当然，由于花的种类不同，人们对各种花香也就会产生不同的香感。例如，兰花、晚香玉发出幽香；桂花、玫瑰、茉莉放浓香；夹竹桃、洋绣球有强香；丁香花是清香，等等。在百花之中，人们最爱玫瑰花香，就是因为玫瑰花香的浓度适宜，闻它特别愉快，没有刺鼻的感觉。

令人感到很有趣的是：调和的香互相混合，常产生悦人的香气；不调和的香互相混合，会产生不好闻的气味。根据这个原理，我们就可以使花在色与香上达到和谐。法国一位研究鲜花的专家，曾对几十种不同花的香味，区别出它们的异同，列出7大类不同的香味。他把7类香味仿效音乐上的“音阶”（do、re、mi、fa、so、la、ti）作成“香阶”，这7类香可顺次以薰衣草、丁香、玫瑰、紫罗兰、刺球花、月下香和洋玉兰为代表。

这位法国研究花香的专家发现，凡是在音阶上调和悦耳的音（例如，do ~ fa；do ~ so），在香阶上也能合出悦人的气味；反之，音阶上听起来不调和的音，在香阶上也不好闻。人们利用香阶，就可以顺利地调出许多不同的香料，也可以作为选择栽植盆花的重要参考。

建议青年朋友们养几盆盆花，它可以使你赏心悦目，心情舒畅。你也不妨参考这位法国研究花香专家的意见，精心地选择一些盆花，放在屋子里，不仅要好看，而且应当让它更好闻。

从心理健康的角度来看，在日常生活里，利用气味来增进心理健康的项目还有待开发。现在国内外的一些学者，正在进行有关方面的各项实验研究。你如果有兴趣，也可以从你的实际情况和具体条件出发，结合你自己的个人需要，小规模地开始进行揣摩和探讨。

心理健康维护篇

青少年心理健康的标准与维护

一、青少年心理健康的标准

心理健康是有标准的，以下是衡量心理健康的几项标准，对照自己，检查一下你的心理健康状况：

1. 认识自我，接纳自我

心理健康的人能体验到自己存在的价值，能了解自我，接受自我，对自己的能力、性格和优缺点都能做出恰当的、客观的评价；自信乐观，生活目标和理想切合实际，能扬长避短。

2. 接受他人，乐于交往

心理健康的人乐于与人交往，能接受他人，悦纳他人，能用尊重、信任、友爱、宽容的套度与人相处，能分享、接受和给予爱和友谊，能与他人同心协力，人际关系协调和睦。

3. 正视现实，接受现实

心理健康的人能够面对现实，接受现实，并能主动地去适应现实。既有高于现实的思想，又不会沉湎于不切实际的幻想和奢望中，对自己的力量有充分的信心。

4. 热爱生活，积极工作

心理健康的人能珍惜生活和热爱生活，并在生活中享受人生的乐趣，在工作中尽可能地发挥自己的个性和聪明才智。

5. 能控制情绪，心境良好

心理健康的人能经常保持愉快、乐观、开朗、满意的心境，能适度地表达和控制自己情绪，喜不狂，忧不绝，胜不骄，败不馁，谦而不卑，自尊自重。

6. 人格完整统一

心理健康的人，其人格结构包括气质、性格、能力和理想等各方面的平衡发展，所思、所做、所言协调一致，具有积极进取的人生观，能够与社会步调合拍，也能和集体融为一体。

7. 心理行为符合年龄特征

心理健康的人应具有与年龄特征多数人相符合的心理行为特征。青少年应该是精力充沛，勤学好问，反应敏捷，喜欢探索。

二、心理健康的维护

心理健康很重要，维护好心理健康对青少年的成长至关重要。以下几种方法可以帮助我们维护好心理健康：

1. 认识自己，悦纳自己

接受现实的自我，选择适当的目标，寻求良好的方法，不随意退却，不做自不量力的事，才可创造理想的自我；欣然接受自己，于是可避免心理冲突和情绪焦虑，使人心安理得，获得健康。

2. 面对现实，适应环境

心理健康者总是能够与现实保持良好的接触。他们能发挥自己最大的能力去改造环境，以求外界现实符合自己的主观愿望；在力不能及的情况下，他们又能另择目标或重选方法以适应现实环境。心理异常者的最大特点就是脱离现实或逃避现实。他们可能有美好的理想，但却不能真确估计自己的能力，又置客观规律而不顾，因而理想成了空中楼阁，于是怨天尤人或自怨自艾，逃避现实。

3. 结交知己，与人为善

乐于与人交往，和他人建立良好关系，是心理健康的必备的条件。但不要天真地认为，我怎样待他，他就怎样待我。其实这是一种儿童的思维，但成人也常常摆脱不了。与人相处的原则是：对得起他人，对得起自己。对于事实已证明不可深交的人，我们不妨浅交，不必疾恶如仇，注意保持适当距离即可。

4. 努力工作，学会休闲

工作的最大意义不限于由此获得物质生活的报酬，从心理学的观点看，它对个体还具有2方面意义：①工作能表现出个人的价值，获得心理上的满足，获得一种成就感；②工作能使人在团体中表现自己，以提高个人的社会地位。个人在团体中要得到接受和承认并提高自己的地位，而工作成绩便是与人比较的最好标准。

另外，现代社会生活节奏紧张，我们应合理地安排休闲时间，经常改换方式，也可参加一些职业性或社会性的活动。要使休闲日更为丰富多彩，真正成为恢复体力、调剂脑力、增长知识、获得健康的时机。

心理平衡与心理养生

一、保持心理平衡

保持心理的适度平衡，是心理健康的重要内容。心理平衡是人在受到外来刺激时所进行的与外来刺激相适应的反抗性心理调节，也是精神需要的补偿。青少年正处于各方面成长发育的时期，保持心理平衡尤其显得重要。

心理平衡的艺术主要体现在以下几方面：

1. 目标专一

每个人都有各自的人生目标，追

求实现人生目标成了人生的动力。但目标的确定至关重要，目标选择不当，会给人带来无端的烦恼。如有的青少年希望将来能当明星演员，这种想法本身不错，但主观和客观条件都不具备，却硬要一味地追求下去，结果演员没当成，自身的学习和工作也没干好。因此，确定目标要把个人的知识、创造优势和社会需要结合起来，这样的目标才切实可行。

2. 善于从遗憾中解脱

人生中难免会遇到与心愿相违的令人遗憾的事，如丢失东西、错怪朋友、措辞不当等。遗憾刺激大脑后，会出现心理不平衡。但人如果对遗憾耿耿于怀，心理长期失调，就会抑制人的情绪，不利于创造潜能的发挥。因此要善于从遗憾中解脱，使心理趋于平衡。解脱的办法：①及时补救，如无意中伤害了同学，则要及时道歉，求得谅解；②对遗憾进行心理“消化”，将遗憾内化为某种理由，从中解脱。如此次考试成绩不理想，通过冷静分析，可归结为基础不牢或发挥不好等，下次考好。

3. 生活上不盲目攀比

目前各家庭生活水平都有了普遍提高，但差别是客观存在的。作为青少年，要根据自己家庭的实际情况，形成适当的期望值，生活上不能盲目攀比，减少不必要的烦恼。这方面要注意几点：①既与阔气相比，也与贫穷相比，这样才能感到某种满足，满足就是一种平衡；②将这种不平衡感转化为一种动力，通过正当途径赶上去；③发扬艰苦奋斗的精神，对那些躺在父母身上“高消费”的现象视而不见，懂得只有自己通过正当劳动得来的享受才有意义，保持一种高层次的平衡心理。

4. 待人宽容

人际交往中有一种相互示范效应，即每个人都在受他人言行影响的同时，也以自己的言行对别人产生着影响。有些人很善于与别人相处，有一种良好的心理气氛，这有助于保持心理平衡。而有些人的人际关系紧张，其中一个重要原因，就是宽容不够。宽容要求对别人以诚相待，把每个人都当做独立人的主体，尊重人、理解人、关心人，别人如有冒犯之处，只要说清楚了，就不必放在心上，这样既解了不必要的包袱，又能赢得别人的好感。当然，宽容不是万能的，但在一般情况下，宽容有利于保持心理平衡。

二、心理养生5法

心理养生并非是随心所欲，《四友斋丛说》记载了很多养生方法，其中心理养生5法是保持心理健康的良方。

1. 不做过当事

大凡为人处世，宜于恰当适中，切莫做过当事。光明磊落，与人为善，乐于助人，便能建立良好的人际关系，自觉心安理得，心静神宁，有益身心。反之，若做事失当，甚或胡作非为，终是理屈心亏，便觉心神不宁，焦虑不安，惶惶不可终日，必然损害身心。

2. 不求事事称意

“人生世间，自幼至壮至老，如意之事常少，不如意事常多”，因此不能苛求事事称意。需求过高，难以达到，使人悲观失望，甚或诱发疾病。因而要善于提出合理的需求，当某些需求不能满足时，须自我开导，知足常乐，切勿自寻烦恼。其实有些不足还可以激励人们奋发进取。

3. 学会宽宏大量

宽宏大量是心理健康的表现。人的气量与性格、学识有关，也可以通过学习、锻炼使之改善。方法是“始忍于色，中忍于心，久则自熟，殊不与人较”，即先学表情上的忍让与克制，然后做到心理上的宽容与谅解，时间一长，就会变得宽宏大量，遇事看得惯，想得通，放得下，不与人斤斤计较。这是一种宝贵的经验，值得学习借鉴。

4. 善处逆境

人生在世，或多或少总会遭受挫折、失败与打击，因而必须善处逆境，“箪食瓢饮而不改其乐”。可以通过舒散、疏泄、排解等方法，如向亲友倾诉苦闷，或尽情欣赏音乐，以尽快摆脱不良心情，解除心理压力，求得心理平衡。有志者能化悲痛为力量，发奋图强，在更高水平上求得心理平衡。如周文王被囚而写《易经》；孔子厄而作《春秋》；屈原被放逐，乃赋《离骚》；左丘失明，编写《国语》；孙子惨遭膑刑，著有《兵法》；司马迁辱受宫刑，撰写《史记》。这些历史人物的确善处逆境，从而达到心理上的“升华”。

5. 恬淡寡欲

保持思想安闲清静，愉快乐观，知足而少欲望，是历代公认的延年良方，故《素问》说：“恬淡虚无，真气从之，精神内守，病安从来？”“粗茶淡饭饱即休，补破碎寒暖即休，三平二满过即休，不贪不妒老即休。”这首诗教导人们做到志闲少欲，怡然自得，随遇而安，以保持心理健康。

抑郁危害身心健康

一、什么是抑郁症

当人的情绪处于焦虑或抑郁状态时，人的思维往往缺乏逻辑性，出现消极情绪或行为异常，这就是抑郁症，并会造成心理上的8种认知错误：

(1) 走极端。这种现象表现为走极端，非此即彼，不是白就是黑。这种人一遇挫折便有彻底失败的感觉，进而觉得自身已不具任何价值，失去自信。

(2) 公式化。认为事情只要发

生一次，就会不断重现。生活中遇到困难与不幸，即认为困难、不幸会重复出现。

(3) 变色镜。有的人遇事总想消极的一面，就像戴了一副变色镜看问题，滤掉了所有的光明，整个世界看起来暗淡无光。

(4) 疑心病。有些人无事生非，终日担心自己将大病临头，遇事往往自我断论，主观猜疑，杞人忧天。

(5) 失锐气。这是一种人为的情绪失调，把别人的真心赞美当做阿谀奉承，对正常的人际关系想入非非，毫无根据地自怨自艾或愤世嫉俗，导致本来松弛的情绪变得紧张。

(6) 谬推断。有的人把一般性过失、欠缺、挫折和困难看得过于严重，似乎做了不可逆转的错事。生活中总是过分夸大自己的不足和过低估计自身的长处。

(7) 消极化。有的人把自己的不良感觉当成事实的证据，如："我有负罪感，那么我一定是干了什么坏事"，"我觉得力不从心，那么我一定是'低能儿'"。尤其情绪低沉时，这种感觉推理特别活跃。

(8) 自卑心。有的人总是主动承担别人的责任，并且妄下结论，认为一切坏的结果都是自己的过失和无能所致。此种变形的自卑、内疚心理，来源于人格的变形和过分的责任感及义务感。

以上的错误认知，导致了许多人陷入抑郁困境而不能自拔。

二、对抑郁症的误解

1. 抑郁就是情绪低落

其实，抑郁并不仅仅只是情绪低落。在抑郁的状态下，人的思维会发生很多负面的变化，譬如思维会变得比较狭窄，自我感觉的关注度从外在转为内在，而且大多是负面的、不快乐的。在认知上还可能出现歪曲，会将原来那些感知快乐的东西，转变成为焦虑。此外，在沟通上也会出现障碍，感觉压力很大，甚至在接受别人帮助后会感觉自己特别无能。

抑郁症是属于广义的精神分裂症范畴，是一种情绪障碍，经过治疗是可以较好康复的。它往往没有明显的外因。正常人偶尔一时心情不良，由于思维模式是正常的，譬如看了喜剧后会感到快乐，但如果是抑郁症患者则不同，他们不会认为是快乐的。所以，在生活中让自己保持正面的思维方式是非常重要的。

2. 抑郁如同"感冒"

如果真是患上符合临床诊断标准的抑郁症是很危险的，通常有自杀倾向，所以不能与感冒类比。目前大部分人属于抑郁症的易感人群，或认为是"抑郁病毒携带者"，他们会出现一些抑郁症的症状。在同样环境下，抑郁症病毒携带者患抑郁症的几率是其他人的2倍以上。

3. 抑郁只需心理咨询

这是一种误解。人处于抑郁状态时，语言交流会有障碍，思维缓慢，常常不会表达自己，也很难听得进别人的话，这时进行心理咨询通常没有效果，只有通过药物治疗使之恢复到一定程度，才能再做心理治疗。所以，如果只是一时情绪不佳，可以去心理咨询。但是如果近期受到创伤，并且超过一个月还有严重抑郁情绪，则需要去医院精神科或医院心理科就诊。

有人担心药物治疗会有副作用，其实抗抑郁的药物反应并不普遍。人在抑郁状态下，本身就会感觉身体有很多不适，用药后，随着抑郁的减轻，身体的不适也会逐渐好转。

4. 心理承受差的人容易抑郁

抑郁症的发生，不能简单地以心理承受能力判断，压力对人的身心都会有影响。一个苛求完美的人，如果压力达到一定的程度，得了抑郁症，就会逃避责任，对自己放低要求，这时如能得到帮助和关心，虽然心理抑郁，但身体暂时是安全的，这是一种无意识的减压方式。如果这种减压方式没有得到周遭的积极反应，就会产生绝望，甚至自杀等严重后果。

高智商者善于发现规律，但一旦失败就会有严重的挫败感，更容易抑郁。

三、抑郁症的治疗

在东方社会，抑郁症也并不少见，尤其是中国人，性格内向，往往真实思想不愿暴露，宁愿被抑郁情绪折磨，都不愿向精神病专家进行心理咨询。如此发展下去，可由抑郁情绪跨入抑郁症患者的行列，有的人便以自杀了结。

1. 抑郁症的诊断标准

(1) 对日常活动丧失兴趣，无愉快感；

(2) 精力明显减退，无原因的持续性疲乏感；

(3) 精神运动性迟滞或激越；

(4) 自我评价过低，或自责，或内疚，可达妄想程度；

(5) 联想困难，或自觉思考能力显著下降；

(6) 反复出现想死的念头，或有自杀行为；

(7) 失眠、早醒，或睡眠过多；

(8) 食欲不振或体重明显减轻；

(9) 性欲明显减退。

2. 消除抑郁症的方法

消除抑郁，除了药物治疗之外，还可使用一种由精神病专家艾伦·贝克博士倡导的认知心理治疗手段，就是让抑郁者自己调节自己的情绪，逐步改善心境，从而使生活重归欢乐。

抑郁者要想消除抑郁情绪，首先应该停止对自身及周围世界的埋怨，明确自己的认知错误，来源于以感觉作依据来思考问题。因为感觉不等于事实。每当你焦虑抑郁时，切记以下5个关键步骤：

(1) 瞄准那些自然消极的想法，并把它们记下来，别让它们占据你的大脑。

(2) 认知扭曲的模式，准确地找出你是怎样曲解事实的。一定要击中要害。

(3) 用更为客观的想法取代扭曲的认知，彻底驳斥那些让你自己瞧不起自己、自我寻找烦恼的谬论。一旦开始这些步骤，你就会感到精神振奋，自尊心增强，无价值感就会烟消云散。

(4) 制定切实可行的日常活动表，每天结束后填写回顾、分析日记，既能使你摆脱不愿活动和不想做事的处境，又能给你带来活动后的满足，逐步消除懒怠与内疚。

(5) 学会自我称赞，自我欣赏，坦然对待不良刺激，以保持情绪稳定，心境良好。

矫正不合逻辑的思维方式，改变认知错误现象，不是轻而易举的事，而一旦你对周围事物能做客观的分析后，对现实生活就有了正确的领悟。那么，你将置身于一个充满积极向上情感的世界中，心情会豁然开朗。尽管生活中还存在着这样和那样不尽如人意之事，但不会由于一时的认知偏差，造成感情挫伤，失去对生活中美好意境的追求。

保持心理健康

一、克服贪婪心理

“贪婪”指贪得无厌，意即对与自己的力量不相称的某一目标过分的欲求。

1. 贪婪心理有以下特点：

(1) 无满足性。

(2) 公开性。

(3) 侥幸性。

(4) 意志薄弱性。

2. 贪婪心理的成因分析

(1) 客观原因：

①社会病态文化的消极影响。“饿死胆小的，撑死胆大的”的廉洁，反映了不劳而获的投机心理。它宣扬的不是勤劳致富而是谋取不义之财。

②社会舆论的误导。改革开放初期，舆论媒介详尽地报道“万元户”的收入与成果，却没有报道万元户是如何通过艰辛的劳动致富，以致激发了社会各阶层人员致富攀比心理。

③社会控制不严。目前在一些地区最先致富的人，不乏靠不法手段的，客观地刺激了附近地区人们的贪婪之心。

(2) 主观原因：

①错误的价值观念。认为社会是为自己而存在，天下之物皆为自己拥有。

②行为的强化作用。有贪婪之心的人，初次伸出黑手时，多有惧怕心理。一旦得手，便喜上心头，每一次侥幸过关对他都是一种强化，不断刺激着那颗贪婪的心。

③攀比心理。

④补偿心理。有些人原来家境贫寒，或者生活中有段坎坷的经历，便

觉得社会对自己不公平，一旦其地位、身份上升，就会利用手中的权力向社会索取不义之财，以补偿以往的不足。

3. 贪婪行为的表现及调适

(1) 贪婪是一种过分的欲望。其表现有以下几种：

①不择手段的财欲。主要表现为：唯利是图，见利忘义，利用一切手段索取钱财。

②难以满足的贪欲。

③难以填补的权力欲。

④欺世盗名的名欲。

⑤胆大包天的色欲。

(2) 贪婪的心理调适有以下几种方法：

①格言自警法。

②20 问法。这是一种自我反思法，即自己在纸上连续 20 次用笔回答“我喜欢……”这个问题。回答时应不假思索，限时 20 秒钟，待全部写下后，再逐一分析哪些是合理的欲望，哪些是超出能力的过分的欲望，这样就可明确贪婪的对象与范围，最后对造成贪婪心理的原因与危害，自己作较深层的分析。

③知足常乐法。一个人对生活的期望不能过高。心理调适的最好办法就是做到知足常乐，“知足”便不会有非分之想，“常乐”也就能保持心理平衡了。

二、积极面对困难

有位著名科学家说过：“看似不可克服的困难，往往是新发现的预兆。”

在克里米亚战争中，一枚炮弹破坏了一座花园般的城堡，却炸出了一个泉眼，汩汩清泉喷涌而出，这里后来成了著名的喷泉景区。挫折也是这样，它暂时破坏我们的心灵，却激发奋斗的泉水。

别人都已放弃，自己还在坚持；别人都已退却，自己仍然向前；看不见光明、希望却仍然孤独、坚韧地奋斗着，这才是成功者的素质。

爱迪生研究电灯时，工作难度出乎意料地大，1600 种材料被他制作成各种形状，用做灯丝，效果都不理想，要么寿命太短，要么成本太高，要么太脆弱、工人难以把它装进灯泡。全世界都在等待他的成果，半年后人们失去耐心了，纽约《先驱报》说：“爱迪生的失败现在已经完全证实，这个感情冲动的家伙从去年秋天就开始电灯研究，他以为这是一个完全新颖的问题，他自信已经获得别人没有想到的用电发光的办法，可是，纽约的著名电学家们都相信，爱迪生的路走错了。”爱迪生不为所动。英国皇家邮政部的电机师普利斯在公开演讲中质疑爱迪生，他认为把电流分到千家万户，还用电表来计量是一种幻想。爱迪生继续摸索。人们还在用煤气灯照明，煤气公司竭力说服人们：爱迪生是个吹牛不上税的大骗子。就连很多正统的科学家都认为他在想入非非，有人说：“不管爱迪生有多少电灯，只要有一只寿命超过20分钟，我情愿付100美元，有多少买多少。”有人说：“这样的灯，即使弄出来，我们也点不起。”他毫不动摇。在投入这项研究一年后，他造出了能够持续照明45小时的电灯。

或许你往事不堪回首；或许你没有取得期望的成功，或许你失去至爱亲朋，失去企业，甚至住房，或许你因病不能工作；意外事故剥夺你行动的能力，然而，即使你面对这一切的不幸，你也不能屈服！

你或许会说，你经历过太多的失败，再努力也没有用，你几乎不可能取得成功。这意味着你还没有从失败的打击中站立起来，就又受到了打击。这简直毫无道理！

如果你是一位强者，如果你有足够的勇气和毅力，失败只会唤醒你的雄心，让你更强大。比彻说："失败让人们的骨骼更坚硬，肌肉更结实，变得不可战胜。”

杰出的鸟类学家奥杜邦在森林中刻苦工作了多年，精心制作了200多幅鸟类图谱，它们极具科学价值，但是度假归来后，他发现这些画都被老鼠糟蹋了。回忆起这段经历，他说："强烈的悲伤几乎穿透我的整个大脑，我连着几个星期都在发烧。”但当他身体和精神得到一定恢复后，他又拿起枪，背起背包，走进丛林，从头开始。

只要永不屈服，就不会失败。不管失败过多少次，不管时间早晚，成功总是可能的。对于一个没有失掉勇气、意志、自尊和自信的人来说，就不会有失败，他最终是一个胜利者。

我们都很熟悉卡莱尔在写作《法国革命史》时遭遇的不幸。他经过多年艰苦劳动完成了全部文稿，他把手稿交给最可靠的朋友米尔，希望得到一些中肯的意见。米尔在家里看稿子，中途有事离开，顺手把它放在了地板上。谁也没想到女仆把这当成废纸，用来生火了。

这呕心沥血的作品，在即将交付印刷厂之前，几乎全部变成了灰烬。卡莱尔听说后异常沮丧，因为他根本没留底稿，连笔记和草稿都被他扔掉了，这几乎是一个毁灭性的打击。但他没有绝望，他说："就当我把作业交给老师，老师让我重做，让我做得更好。”然后他重新查资料、记笔记，把这个庞大的作业又做了一遍。

对于一个真正的强者来说，失败根本不值一提。那仅仅是一个小小的插曲，是他事业中的一点小麻烦，并不重要。一个真正强者的头脑中根本不存在失败的概念。不管什么样的打击和失败降临，一个真正坚强的人都能够从容应对，做到临危不乱。当暴风雨来临，软弱的人屈服了，而真正坚强的人镇定自若，胸有成竹。

一个人除非学会清除前进路上的绊脚石，不惜一切代价去克服成功路上的障碍，否则他将会一事无成。通往成功路上的最大障碍就是自己。征服自己，就会征服一切。

三、学会宽容，不要怨恨

一个失败型个性的人，在寻找失败的借口和原因时，往往会责备社会，制度、人生、运气。对于别人的成功与幸福，总是愤愤不平，因为他认为，这些都足以说明生活使他受到不公平的待遇。愤愤不平是企图用所谓不公正、不公平等现象来为自己的失败辩护，使自己感到好过一些。可是实际上，作为对失败者的安慰，怨恨是非常不可取的办法，比生病还糟。

怨恨是精神的烈性毒药，它使快乐不能产生，并且使成功的力量逐渐消耗殆尽，最后形成恶性循环，自己并没有多大本领而又非常怨恨别人的人，几乎不可能和别人很好相处。对于由此而来的别人对他的不尊重，会使他加倍地感到愤愤不平。

怨恨是使自己觉得自己重要的一种方法。很多人以“别人对不起我”的感觉来达到异常的满足。从道德上来说，不公正的受害者和那些受到不公正待遇的人，似乎比那些造成不公正的人要高明。

心怀怨恨的人，是想在人生的法庭上证明他的公正，如果他有怨恨之感就证明生活时他不公平，而有一些神奇的力量将会澄清那些使他产生怨恨的事情，使他得到补偿。从这个意义上来说，怨恨是对已发生之事的一种心理反抗或排斥。

怨恨的结果是塑造劣等的自我意象。就算怨恨的是真正的不公正与错误，也不是解决问题的好方法，因为它很快就会转变成一种习惯情绪的。一个人习惯于觉得自己是不公平的受害者时，就会定位于受害者的角色上，并可能随时寻找外在借口，即使对最无心的话、在最不确定的情况中，他也能很轻易地看到不公平的证据。

习惯性的怨恨一定会带来自怜，而自怜又是最坏的情绪习惯。这个习惯已根深蒂固，如果离开了这个习惯，就会觉得不对劲、不自然，而必须开始去寻找新的不公正的证据。有人说这类人只有在苦恼中才会感到适应，这种怨恨和自怜的情绪习惯，会把自己想象成一个不快乐的可怜虫或者牺牲者。

产生怨恨的真正原因是自己的情绪反应。因此，只有自己才有力量克服它。如果你能理解并且深信怨恨与自怜不是使人成功与幸福的方法，你便可以控制住这种习惯。

一个人有怨恨之心，他就不可能把自己想象成自立、自强的人，他就不可能成为自己灵魂的“船长”、命运的主人。怨恨的人把自己的命运交给别人，把自己的感受和行动交给别人支配，他像乞丐一样依赖别人。若是有人给他快乐他也会觉得怨恨，因为对方不是照他希望的方式给的；若是有人永远感激他，而且这种感激是出于欣赏他或承认他的价值，他还会觉得怨恨，因为别人欠他的这些感激的债并没有完全偿还；若是生活不如意，他更会觉得怨恨，因为他觉得生活欠他的太多。

宽容是人生的一种智慧，是建立良好人际关系的法宝。

曾读过这样一篇文章：一位画家在集市上卖画，不远处，前呼后拥地走来一位大臣的孩子，这位大臣在年轻时曾经把这位画家的父亲欺诈得心碎而死。这孩子在画家的作品前流连忘返，并且选中了一幅，画家却匆匆地用一块布把它遮盖住，并声称这幅画不卖。

从此以后，这孩子因为心病而变得憔悴，最后，他父亲出面了，表示愿意付出一笔高价。可是，画家宁愿把这幅画挂在自己画室的墙上，也不愿意出售。他阴沉着脸坐在画前，自言自语地说："这就是我的报复。"

每天早晨，画家都要画一幅他信奉的神像，这是他表示信仰的唯一方式。

可是现在，他觉得这些神像与他以前画的神像日渐相异。这使他苦恼不已，他不停地找原因。有一天，他惊恐地丢下手中的画，跳了起来：他刚画好的神像的眼睛，竟然是那大臣的眼睛，而嘴唇也是那么的酷似。

他把画撕碎，并且高喊："我的报复已经回报到我的头上来了！"

这个故事告诉我们：一个人若心存报复，自己所受的伤害会比对方更大。报复会把一个好端端的人驱向疯狂的边缘，报复还能把无罪推向有罪、现在有很多的刑事案件就是因报复而引起的。

经心理学专家研究证实，报复心理非常有碍健康，高血压、心脏病、胃溃疡等疾病就是长期积怨和过度紧张造成的。有一位好莱坞的女演员，失恋后，怨恨和报复心使她的面容变得僵硬而多皱，她去找一位最有名的美容师为她美容。这位美容师深知她的心理状态，中肯地告诉她："你如果不消除心中的怨和恨，我敢说全世界任何美容师也无法美化你的容貌。"

哲人说，宽容和忍让的痛苦，能换来甜蜜的结果。这话千真万确。古时候有个叫陈嚣的人，与一个叫纪伯的人做邻居。有一天夜里，纪伯偷偷地把陈嚣家的篱笆拔起来，往后挪了挪。这事被陈嚣发现后，心想：你不就是想扩大点地盘吗，我满足你。他等纪伯走后，又把篱笆往后挪一丈。天亮后，纪伯发现自家的地又宽出了许多，知道是陈嚣在让他，他心中很惭愧，主动找上陈家，把多侵占的地统统还给了陈家。

《寓圃杂记》中记述了杨翥的两件小事。杨的邻人丢失了一只鸡，指骂被姓杨的偷去了。家人告知杨翥，杨说："又不止我一家姓杨，随他骂去。”又一邻居，每遇下雨天，便将自家院中的积水排放进杨翥家中，使杨家深受脏污潮湿之苦。家人告知杨翥，他却劝解家人：“总是晴天干燥的时日多，落雨的日子少。”

久而久之，邻居们被杨翥的忍让所感动。后来，一伙贼人密谋欲抢杨家的财宝，邻人们得知后，主动组织起来帮杨家守夜防贼，使杨家免去了这场灾祸。

忍让和宽容说起来简单，可做起来并不容易。因为任何忍让和宽容都是要付出代价的，甚至是痛苦的代价。人的一生谁都会常常碰到个人的利益受到他人有意或无意的侵害的情况。为了培养和锻炼良好的心理素质，你要勇于接受忍让和宽容的考验，即使无法控制感情时，也要管住自己的大脑，忍一忍，就能抵御急躁和鲁莽，控制冲动的行为。如果能像陈嚣、杨翥那样再寻找出一条平衡自己心理的理由，说服自己，那就能把忍让的痛苦化解，产生出宽容和大度来。

生活中有许多事当忍则忍，能让则让。忍让和宽容不是懦怯胆小，而是关怀体谅。忍让和宽容是给予，是奉献，是人生的一种智慧，是建立人与人之间良好关系的法宝。一个人经历一次忍让，会获得一次人生的亮丽；经历一次宽容，会打开一道爱的大门。

四、保持乐观的生活态度

新世纪的健康主题是心理养生，即从精神状态上达到延年益寿。近年来，在发达国家，“心理学治疗法”在临床上广泛运用，并取得良好效果，成为继外科手术和发现抗生素之后的又一次医学革命。

“心理学治疗法”的核心内容是提倡不积累“感情势能”，即心理上受到的外界刺激，一定要与承受力保持平稳。因为感情的激升或失落，会使人处于失调状态，造成“感情势能”，其潜在的“能量”超过一定限度时，就会造成生理代谢紊乱，免疫功能降低，势必引发或加重某些疾病的病情。

现代医学心理学研究证实，现代人的感情释放受到心理因素、社会环境、人际关系、情感交流与物质条件等多方面的辐射影响，一旦失落感位居上风，则削弱人的生理机能，致使各种致病因子肆虐，有损人的身体健康。许多中外医学家和心理学家都一致认为，胃病及十二指肠溃疡、心血管疾病、脑血管疾病、某些精神病和癌症主要是由精神因素所诱发或导致恶化，即“感情损伤”起了重要的作用。

不良情绪于身心健康极为有害，我国中医学认为，怒伤心，气伤肺，忧伤肝；这与民谚“愁一愁，白了头”，都是同一个道理。

医学家与心理学家们一直在告诫

人们，必须重视心理卫生，任何情况下都要做到乐观处世，平衡心态，在气闷难受、心灵创伤太大时，不妨哭笑一番，将“势能”释放出来，求得精神上的解脱。

五、学会宣泄自己内心的不良情绪

今天在学校里同学刺耳的话，伤了你的心，但你又不好意思当面驳斥他，和他争个面红耳赤，于是你把愤怒之火压在了心里。你感觉很难受，可是又不能发泄，你把自己关在房间里，越想越伤心，以至于让怒火在心里燃烧。你想：这也没有什么大不了，一切都会随着时间过去的，不良情绪只是暂时的，可以不用理会。

可事实并非如此，这几天上课你总是走神想着前两天发生的事，根本听不见老师在讲什么；即便是吃饭的时候，你也好像“若有所思”，更不用提休息了，他甚至影响到了你的睡眠。失眠、烦躁、焦虑，一下子找上了你，不久你大病一场……

人的心情也如天气一样，时阴、时晴，时苦、时乐，常常变化着。这是因为我们处在社会群体中，而不是孤零零一个人的地球，我们的生活、工作或多或少总会受到环境还有他人的干扰，不管你是不是快乐，是不是愿意接受它们。

研究表明：不良情绪是健康的大敌。科学家称在不同情绪状态下，下丘脑、脑下垂体、自主神经系统都会有一定的生化改变，并由此引起身体各器官功能的变化。这就是情绪可以致病的生理学基础。国内外大量研究表明，长期压抑和不满的情绪，诸如抑郁、悲哀、恐惧、愤怒等，都容易诱发癌症。心爱的人突然死亡或突然失去安全保障，也是癌症发生的诱因。

生理和心理学研究认为，应激状态可使人抵抗力降低，易罹患疾病。“一切顽固的忧愁和焦虑，可称为不良情绪，这种情绪强烈、长期存在，足以给疾病大开方便之门”。美国专家研究表明，因情绪紧张而患病者，占门诊病人的76%。近来国内外研究也证明，情绪在一些躯体疾病中，起着重要作用。而人的疾病状态，反过来也可引起情绪变化，两者互为因果。

长期压抑不良情绪不只是影响你的工作，更会影响你的生活，而人一旦失去了生活中的乐趣，就会越陷越深，最终淹没在纷纷攘攘之中。要明白，生活、工作、学习，每个人无论是在家里，还是在办公室里，都免不了在情绪上受到他人的干扰，而使原来晴朗的情绪突然布上一层乌云。问题在于我们能不能在黑云密布的时候，保持冷静。我们没有多少力量去左右环境，既然如此，我们能否试一试，在自己心里留出一片小小的、安静平和的地方，来保住那些快乐的种子呢？

我们熟知的马加爵的故事便是如此，由于不良情绪得不到合理宣泄，导致他犯下杀人的罪行。面对不良情绪我们怎能置之不理呢？

所以，当环境中的人或事令你受到伤害或打击的时候，千万不要选择垂头丧气来“报复”自己，勇敢地面对低落情绪，抛开不必要的压力。试着丢掉那些无益的气恼，多往好的方面想想，相信你一定能在自己内心这片快乐的园地里，找到希望、安慰和鼓励的。

对于青少年而言，就要心平气和地接受各种自然情绪的流露。你可以和同学讲道理，但切记不要争得面红耳赤，与对方友善地交谈。我们常说“男儿有泪不轻弹”，殊不知男孩也是有感情的，他们也有悲欢离合的感触，并非如常人所讲的“把泪水吞到肚子里”，那样反而不好。偶尔也哭一次可以帮助男孩合理地宣泄心中的不良情绪，排解内心的忧郁，这对孩子来说是有好处的，但切记把哭当做“家常便饭”，大事、小事都要哭个没完，“男孩，哭吧，不是罪”，勇敢地流出你的眼泪吧！

此外，还要注意安抚自己的不良情绪，使它得到合理宣泄，既不伤害自己也不影响他人。

六、猜疑是不健康的心理状态

想想看，我们人与人之间常有的争执、吵闹、误会乃至过去很多的冤假错案，哪件事情不与猜疑有关呢？

在我们的传统文化里就有很多关于猜疑的教诲，如：“疑人偷斧”，“人心融肚皮”，“知人知面不知心”，“害人之心不可有，防人之心不可无”，等等。

再让我们看看，在生活中如果两个小孩在外面打架，中国的母亲很可能指着对方质问：“你为什么打我的孩子？”而外国母亲则可能说：“怎么？你们不友好了？”

可见不同文化熏陶下的两位母亲，会说出两种不同的话。也可见猜疑对我们每个中国人影响之大，如果我们的“理解万岁”是建立在猜疑基础之上的，永远不可能“理解”，何谈“万岁”？因为我们每个人从小都接受了猜疑的教育和影响，可以说人人都有猜疑之心。

要摒弃猜疑，必须对猜疑有深恶痛绝的认识。什么是猜疑呢？

猜疑是基于一种对他人不信任的、不符合事实的主观想象，是人际交往过程中的拦路虎。具有猜疑心理的人与别人交往时，往往抓住一些不能反映本质的现象，发挥自己的主观想象进行猜疑而产生对别人的误解，或者在交往之前对某人有某种印象，在交往之中就处处用这种成见效应与对方接触，对方一有举动，就对原有成见加以印证。

虽然猜疑心理有种种表现，但我们可以发现其共同的特征，即没有事实根据，单凭自己主观的想象；抓住“毛皮”，忽略本质，片面推测；不怀疑自己的判断，只是相信自己，怀疑他人，挑剔他人。具有猜疑心理的人把自己置于一种苦恼的心态中，对别人采取不信任的态度，严重的甚至对自己的感觉也产生怀疑。

猜疑心理往往导致心理偏执。这种人常常敏感固执、谨小慎微，事事要求十全十美。这样不仅危害自己，也危害他人。

因猜疑造成的人间悲剧在我国可以说是举不胜举，从古至今，从宫廷争斗到民间小事，“猜疑”这个罪魁祸首制造了多少血淋淋的悲剧，它给我们个人、国家和民族带来了多么大的精神折磨和财产的损失呀！它给人的伤害可以让人心力交瘁乃至精神失常。

我们必须认识到，“猜疑”流淌在我们每个人的血管里，如果我们不采取“解毒”的手段，它的后果就会像毒品一样，我们哪里还有精力去搞发展呢？猜疑是“窝里斗”的祸根，猜疑是化友为敌的障眼帘，猜疑是造成自杀和他杀的毒品！

猜疑的人往往目光短浅，没有远大的目标，没有真诚善良的心。欲调适自己的心态和与猜疑者相处的办法有以下几种：

①培育爱心，培育从对小动物的爱到对人的爱。

②培育宽容的心理品质。宽容就是承认差异，降低对别人的要求。能够宽容别人是坦诚与人相处的首要条件，因为宽容是深思熟虑的素养，是内心深处去除荆棘的法宝。

所以不管是调适自己心态，或对待猜疑的朋友，调整思维方法都是极其重要的。

克服嫉妒心理

弗朗西斯·培根说过：“犹如毁掉麦子一样，嫉妒这恶魔总是在暗地里，悄悄地毁掉人间美好的东西！”

一、“嫉妒”的概念与危害

何谓“嫉妒”呢？心理学家认为，嫉妒是由于别人胜过自己而引起情绪的负性体验，是心胸狭窄的共同心理。黑格尔说：“嫉妒乃平庸的情调对于卓越才能的反感。”

嫉妒不是天生的，而是后天获得的，嫉妒有3个心理活动阶段：嫉妒—嫉优—嫉恨。这3个阶段都有嫉妒的成分，而且是从少到多，“嫉妒”中羡慕为主，嫉妒为辅；“嫉优”中嫉妒的成分增多，已经到了怕别人威胁自己的地步了；“嫉恨”则把嫉妒之火已熊熊燃烧到了难以消除的地步。这把嫉恨之火，没有燃向别人，而是炙烤着自己的心，使自己没有片刻宁静，于是便绞尽脑汁去想方设法诋毁别人。这就使他形神两亏了。

嫉妒实质上是用别人的成绩进行自我折磨，别人并不因此有何逊色，自己却因此痛苦不堪，有的甚至采用极端行为走向犯罪深渊。据某公安部门调查，每年因嫉妒造成犯罪案件的占整个刑事案件的10%。近年来在一些高等学府里，因嫉妒而投毒、写匿名信的已屡见不鲜。

嫉妒心理是一种低级趣味，是人性中残存的动物性，许多动物的本性是十分嫉妒的，一只狼可以把抢猎物的同类咬死。在私有制的社会里，人们弱肉强食，尔虞我诈，使人保留动物式的嫉妒心理。所谓“木秀于林，风必摧之”。《三国演义》中的周瑜临死时对天长叹：“既生瑜，何生亮?”就是有我没你的嫉妒加仇恨。

一些人之所以嫉妒别人，一个重要的原因是自己不求上进，又怕别人超过自己，似乎别人成功了就意味着自己失败，最好大家都成“矮子”才显出自己高大。于是，“事修而谤兴，德高而毁来”；“怠者不能修，而忌者畏人修”；“我不学好，你也别学好；我当穷光蛋，你也得喝凉水”。

这是一种十分有害的腐蚀剂，这些人的骨子里充满了“怠”与“忌”，无论对己、对社会、对国家的发展都是十分有害的，正如荀子所说：“士有妒友，则贤交不亲；君有妒臣，则贤人不至。”

一个被嫉妒心支配的人，一定是胸无大志，目光短浅，不求上进的人；一个嫉妒成风的单位，一定是正气不旺，邪气盛行，先进不香，落后不臭的单位。

嫉妒是腐蚀剂，是落后药，是剧毒品。

在著名的荷马史诗《伊利亚特》中，有一个关于苹果的故事：

那是在狄萨利亚的国王皮琉斯的结婚典礼上，几乎所有的女神都应邀来吃喜酒，只有一个女神阿利斯没被邀请。阿利斯大为恼怒，便在筵席上丢下一个金苹果，上面写着一行小字：“送给最美丽的。”这一来，引起了轩然大波，有3位女神为了争夺这个苹果，引发了无穷的纠纷，终于演变为古希腊传说中为期10年的特洛伊战争。

一个苹果为何会有这么大的魔力？关键在于上面的一行小字。正是“最美丽的”这一称号，点燃了女神们心中的嫉妒之火，于是便不择手段地相互争战。

这当然只是一个神话故事，但它却像一面镜子似的反映了人类社会的现实。在我们同学年轻的心灵中，不也同样存在着嫉妒的毒素吗？有的同学在班上处处争强好胜，容不得别人超过自己。谁被老师表扬了，谁的分数比他好了，都会引起他的不快，令他变着法儿贬低人家，讽刺挖苦，冷嘲热讽，打击别人，抬高自己。有的同学甚至大言不惭地说：“我这个人就是喜欢嫉妒！”

同学们，在我们中间，像这种具有嫉妒心理的同学还真不少哩。这种同学在班上处处争强好胜，把精力、心思都用在满足自己不健康的心理需要上，既害集体，又害自己。有人把嫉妒比作一支毒箭，要知道，这支箭不仅会射中别人，也会射中自己！

二、学会宽容

既然嫉妒是一种极端自私的不健康的心理表现，那么我们就该坚决克服它。问题在于，怎样才能有效地克服嫉妒心理，做一个光明磊落，宽容大度的人呢？

（1）要深刻认识嫉妒心理对自己的危害。

处处嫉妒别人，不但容易伤害别人，而且也使自己失去同情，失去朋友，最终只会使自己处于孤立之地，令人讨厌。好嫉妒别人的同学，总是把主要精力用于打听、干扰、打击比自己强的人身上，无心勤学苦练。这样做，最受影响的，其实还是自己的学业。

（2）要明白每个人都不可能事事胜于别人，不要老是要“居人之上”心头才舒服。

当自己内心对比自己强的人产生嫉妒时，要提醒自己：“比自己强的人是自己的榜样，我要追赶他，超过他，但不嫉妒他！”要既积极进取又不嫉妒别人，做事光明磊落，不搞小动作。比方说，在长跑中，有人跑在前，取得了成功，而你“栽”了，失败了。这时你就要告诫自己：“今天他领先了，证明自己还有不如人的地方。以后我要加劲训练，下次领先的就是我。”并且衷心地向胜利者祝贺，公开坦诚地表示赶上他。

（3）要正确认识自己，不要乱攀比。

很多同学的嫉妒常常是从拿自己和别人比较开始的。正因为没有正确认识自己，所以常常便以自己的缺点比别人的优点，以自己的不足比别人的成绩，越比越不服气，这不是实事求是的态度。我们应当对自己有个恰当的估价，学会取人之长补己之短，与同学们共同进步，共同提高。

同学们，大家渴望在学习上不断进步，希望自己能名列前茅，这是良好的愿望，也是容易理解的。但驱使自己前进的动力应是一颗进取心而不是嫉妒心。有嫉妒心的同学如果能够正确地以进取心取而代之，与同学真诚相处，互相帮助，你追我赶，那才会取得真正的进步！

有嫉妒心的人如果不猛醒，前途不会美妙。如果想调适自我，把嫉妒变成竞争的动力，首先要把注意力调节到自身的优势和对方的劣势上。当你嫉妒别人时，总是因为他在某些方面的优势深深地刺激了你，而你自己在这方面又恰恰处于劣势。这一差异正是产生嫉妒的刺激源。与此同时，你却忽略了自己在另一方面的优势。如果你能有意识地调节自己的注意重心，便会使原先失衡的心理获得一种新的平衡，这种平衡无疑会稳定你的情绪。

把嫉妒的心劲用到追赶别人上，这样形成你追我赶的风气，对个人和国家才有希望。

三、消除对方的嫉妒心理

当人们受到他人嫉妒时，往往是憎恶对方的情绪上升，从而使人际交往受阻，如何消除这种心理呢？

(1) 让对方得到一种心理补偿，以减弱他的嫉妒感，如把一些出风头的机会让给对方去干。

也许有人会问：这样岂不是助长了他想压倒一切的欲望吗？要知道，嫉妒的人想的就是一切都要占上风。

(2) 把嫉妒引向正当手段的竞争，教给对方竞争的一些方法，让他有信心能超过别人。

四、提高自己的修养

学习及社交中嫉妒心理往往发生在双方及多方，因此注意自己的性格修养，尊重并乐于帮助他人，尤其是自己的对手。这样不但可以克服自己的嫉妒心理，而且可使自己免受或少受嫉妒的伤害，同时还可以取得学业上的成功，又能感受到生活的愉悦，何乐而不为呢？

有意识地提高自己的思想修养水平，是消除和化解嫉妒心理的直接对策。

伯特兰·罗素是20世纪声誉卓著、影响深远的思想家之一，1950年诺贝尔文学奖获得者。他在其《快乐哲学》一书中谈到嫉妒时说："嫉妒尽管是一种罪恶，它的作用尽管可怕，但并非完全是一个恶魔。它的一部分是一种英雄式的痛苦的表现；人们在黑夜里盲目地摸索，也许走向一个更好的归宿，也许只是走向死亡与毁灭。要摆脱这种绝望，寻找康庄大道，文明人必须像他已经扩展了他的大脑一样，扩展他的心胸。他必须学会超越自我，在超越自我的过程中，学得像宇宙万物那样逍遥自在。"化解嫉妒心理的良方有以下5点：

1. 胸怀大度，宽厚待人

19世纪初，肖邦从波兰流亡到巴黎。当时匈牙利钢琴家李斯特已蜚声乐坛，而肖邦还是一个默默无闻的小人物。然而李斯特对肖邦的才华却深为赞赏。怎样才能使肖邦在观众面前赢得声誉呢？李斯特想了个妙法：那时在演奏钢琴时，往往要把剧场的灯熄灭，一片黑暗，以便使观众能够聚精会神地听演奏；李斯特坐在钢琴面前，当灯一灭，就悄悄地让肖邦过来代替自己演奏。观众被美妙的钢琴演奏征服了。演奏完毕，灯亮了。人们既为出现了这位钢琴演奏的新星而高兴，又对李斯特推荐新秀的大度深表钦佩。

2. 自知之明，客观评价自己

当嫉妒心理萌发时，或是有一定表现时，能够积极主动地调整自己的意识和行动，从而控制自己的动机和感情。这就需要冷静地分析自己的想法和行为，同时客观地评价一下自己，从而找出一定的差距和问题。当认清了自己后，再评价别人，自然也就能够有所觉悟了。

3. 快乐可以治疗嫉妒

要善于从生活中寻找快乐，正像嫉妒者随时随处为自己寻找痛苦一样。如果一个人总是想：比起别人可能得到的快乐来，我的那一点快乐算得了什么呢？那么他就会永远陷于痛苦之中，陷于嫉妒之中。快乐是一种情绪心理，嫉妒也是一种情绪心理。何种情绪心理占据主导地位，主要靠人来调整。

4. 少一份虚荣就少一份嫉妒心

虚荣心是一种扭曲了的自尊心。自尊心追求的是真实的荣誉，而虚荣心追求的是虚假的荣誉。对于嫉妒心理来说，它要面子，不愿意别人超过自己，以贬低别人来抬高自己，正是一种虚荣心理，一种嫉妒心理的需要。单纯的虚荣心与嫉妒心理相比，还是比较好克服的。而两者又紧密相连，相依为命。所以克服一份虚荣心就能少一分嫉妒。

5. 学会宣泄不良情绪

自我抑制，是治疗嫉妒心理的苦药，自我宣泄，是治疗嫉妒心理的特效药。

嫉妒心理也是一种痛苦的心理，当还没有发展到严重程度时，用各种感情的宣泄来舒缓一下是相当必要的。在这种发泄还仅仅是处于出气解恨阶段时，最好能找一个较知心的朋友或亲友，痛痛快快地说个够，暂求心理的平衡，然后由亲友适时地进行一番开导。虽不能从根本上克服嫉妒心理，但却能中断这种发泄性朝着更深的程度发展。如有一定的爱好，则可借助各种业余爱好来宣泄和疏导。如唱歌、跳舞、书画、下棋、旅游等。

五、正确看待嫉妒

不过，嫉妒是人的天性。自古以来，有不少关于嫉妒的记载与描述。在古希腊、罗马的神话中，男性的和女性的神或英雄多有嫉妒的品性。在男子占统治地位的社会里，人们往往把嫉妒看成女人的特有心理特征，在汉字里，“嫉妒”二字皆用“女”字作偏旁，也是一证。

其实，嫉妒并不限于女性，男性也嫉妒。很喜爱艺术的古罗马皇帝埃追安（亦译“阿提安”）就非常妒恨诗人、画家与巧匠，因为这些人在艺术方面超过了他。中国古代惠施当了宰相后也嫉妒在才学上超过他的庄子。

嫉妒犹如醋，是人生的调味品。有一点适宜的嫉妒并不坏。嫉妒而不失去理性，则可以由不安、痛苦和怨恨转化为危机感、紧迫感、好胜心、上进心和忧患意识，催人奋起直追，激人取长补短。

防范自杀心理

因学习压力而轻生是青少年自杀事件中最常见的原因。青少年自杀的事例中，相当大的一部分人是源于抑郁症、强迫症等心理疾病。失恋也是青少年自杀的一个重要原因。

一、青少年自杀者的5种心理状态

自杀行为天天都有发生，有以下5种原因导致青少年自杀：

1. 矛盾心态

死亡对自杀者来说是既可怕又有吸引力的事。现实生活中许多有形无形的困难在死亡的幻想中似乎能得以解决和满足，但死亡毕竟是可怕的。

2. 偏差认知

企图自杀者的知觉常表现为“绝对化”或“概括化”或两者交替。“绝对化”是指对任何事物怀有认为其必定如此的信念，比如“我做任何事都注定失败”等。“概括化”就是常常使人过分偏注某项困难而忽略除死之外的其他解决方法，从而自伤自毁。

3. 冲动行为

青少年的自杀意念常常在很短的时间内形成，而且一想到死马上就采取行动，思考变得极其狭隘。

4. 关系失调

自杀者大多性格内向、孤僻、自我中心，难以与他人建立正常的人际关系，进入自我封闭的小圈子，从而失去自我价值感。

5. 死亡概念模糊

企图自杀的青少年对自杀的后果没有充分估计。

二、避免自杀的几种减压法

(1) 运动减压法。从事各种球类、田径类运动，或者其他感兴趣的活动如爬山等，是排解郁闷、培养积极乐观态度的好办法。

(2) 社交减压法。参加多种群体活动，多与同学、朋友交流，开阔视野，释放紧张情绪。

(3) 咨询减压法。找心理咨询辅导员寻求帮助。心理咨询包括障碍性咨询、适应性咨询和发展性咨询等多种，发展性咨询是人人都需要的。

(4) 发泄减压法。可以到野外或在不妨害社会和他人的场所尽情地大喊大唱，大笑大哭，还可以用布做成各种各样的人，把那些布人当成自己不满的对象进行拳打脚踢，从而达到减压的目的。

三、健康人格培养的主要方法——发展健康的自我意识

青少年的自我意识及价值观正处在不甚稳定、具有一定可塑性的阶段。青少年要提高自身的心理素质，必须对个人有正确的估价，既不能自轻自贱，也不能自骄自傲。

1. 树立正确的人生观与世界观

如果有了正确的人生观和世界

观，那么这个人就能对社会、对人生、对世界上的事物，有正确的认识和了解，并能采取适当的态度和行为反应，能防止心理障碍的发生，有利于保持心理健康。

2. 增加积极的情绪体验

青少年应当积极参加学校的各种文化娱乐活动，从而使自己经常保持在一种充实、愉悦的心境之中。这对于抵消那些不愉快的情绪体验，保持心理平衡，具有不可低估的作用。

3. 养成良好的学习、生活习惯

学习、生活习惯有无规律、是否科学，体现了一个人的心理素质和精神风貌，也是青少年提高自身心理素质的基础。

四、如何预先判断身边同学的自杀倾向

有关专家指出，如果身边同学有如下表现：

行为孤僻内向、患精神疾病、酒精中毒，焦虑或惊恐、易怒、悲观，习惯改变、自我仇恨、突然整理个人物品、感觉孤独绝望、记自杀笔记、躯体健康欠佳、反复提及死或自杀、食欲不振或整夜失眠等，其他同学应迅速向班主任老师汇报，以求得帮助。

从表面看，选择自杀可能是因为不适应学校生活，或是恋爱、人际交往等方面出现问题，但从根本上说与个人的成长经历有关。小时候的家庭教育是青少年心智健康成长的保证。在国外，一个家庭有几个孩子，孩子们会共同去争家长的宠，而我国的独生子女是两代人一起去争一个孩子的宠。孩子顺心惯了，难以独立应对挫折，就可能引发各种心理疾病。

五、如何帮助有自杀征兆的同学

（1）保持冷静。

（2）让她/他倾诉自己的感受。

（3）认可他表露出自己的情感，也不试图说服他们改变自己的感受。

（4）询问他们是否想自杀，比如：“你是否觉得痛苦、绝望，以至于想结束自己的生命?”

（5）相信他说的话；当他说要自杀时，应认真对待。

（6）他要求你对其想自杀的想法给予保密时，你不要答应他。

（7）让他相信他人的帮助能缓解面临的困境，并鼓励他们寻求帮助。

（8）说服其相关人员共同承担帮助他的责任。

（9）如果你认为他当时自杀的危险性很高，不要让其独处，要立即陪他去心理卫生服务机构或医院接受评估和治疗。

六、11～15 岁是心理变化关键阶段

在南京召开的中国心理学会第八届理事会上，有专家指出，我国有3000 万青少年处于心理亚健康状态，

每年都有些人因心理问题而丧失生命，“自杀”成为青少年人群的头号死因。专家表示，部分青少年面对挫折的承受能力较差是造成心理问题的主要原因。

专家们认为，11～15岁是孩子们最关键的一个年龄段，身体和心理都发生很大的变化。然而面对升学的压力，很多学校只注重抓教学，忽视了心理健康教育，形成生理和心理发展不平衡，导致孩子们因缺少父爱母爱、内心孤独造成心理障碍，这为以后某些青少年自杀埋下了祸根。

七、劝说自杀者的心理表现

(1) 认为想自杀的人不会向别人暴露自己的自杀企图，向别人谈起自杀不过是想威胁别人。

事实上，大多数的自杀者在自杀前清楚地表达过自己的自杀企图，向别人说起自杀是处于心理困境，寻求心理支持的重要信号。

(2) 认为不能与有自杀倾向的人谈自杀。实际上，和可能自杀的人讨论自杀问题，可以及时发现患者的自杀企图，使病人觉得关心、理解、同情和支持，这在预防自杀工作中具有重要意义。当然，这种讨论不应涉及自杀的方法，更不要评述哪种自杀方法容易致死、哪种方法痛苦较轻之类的问题。

(3) 认为有自杀意念、自杀未遂的人不需要精神医学干预，特别是不需要使用精神药物。这种观点广泛存在于患者家属和部分医护工作者中。事实上，自杀者即使不能被诊断为精神疾病患者，但其心理状态也是极不稳定的，在进行危机干预和心理治疗的同时，适当使用一些精神药物是有益的。

(4) 认为危机地度过意味着自杀危险的消失。事实是，如果现实问题仍然存在，则仍需提高警惕，因为自杀者表面上的“平静”，正是自杀最危险的时机。

(5) 认为自杀未遂者并没有真正的死亡愿望，事实上这些人当中有一部分死亡愿望非常强烈，只是因为自杀方法不足以致死或被及时抢救。

(6) 心理病自然会好不用去医院治。某女士说，她生活得很好，在单位是一位受人尊敬的领导，在家里爱人对她很好，还有一个听话的儿子。可一段时间以来，她特别担心自己会死去。只要一想到死了以后眼前拥有的这一切都会失去，她就悲从中来，迫切希望自己能避免死亡。她自己知道这是一种心理疾病，可就是不愿意去看心理医生，因为她觉得自己的病源特别可笑。最主要的是她认为只要自己想开了，过不了多久这种症状自然会消失。